Francesco Magris

DIE GRENZE

Von der Durchlässigkeit eines trennenden Begriffs

Aus dem Italienischen
von Annette Kopetzki

Paul Zsolnay Verlag

Die Originalausgabe erschien erstmals 2015 unter dem Titel
Al margine im Verlag Bompiani, Mailand.

Die Übersetzung dieses Buches wurde mit Unterstützung
des Segretariato Europeo per le Pubblicazioni Scientifiche erstellt.

Via Val d'Aposa 7 – 40123 Bologna – Italien
seps@seps.it – www.seps.it

1. Auflage 2019
ISBN 978-3-552-05931-3
© Bompiani – Rizzoli Libri S.p.A., 2015
Alle Rechte der deutschsprachigen Ausgabe
© 2019 Paul Zsolnay Verlag Ges.m.b.H., Wien
Satz: Nadine Clemens, München
Umschlag: Anzinger und Rasp, München
Autorenfoto: privat / © Paul Zsolnay Verlag
Druck und Bindung: GGP Media GmbH, Pößneck
Printed in Germany

MIX
Papier aus verantwor-
tungsvollen Quellen
FSC® C014496

Für meinen Vater

AM RAND DES HIMMELS
ENDET DAS REICH

Biagio Marin, der große Dichter aus Grado, der meinem Vater freundschaftlich verbunden war, weshalb ich ihn häufig sehen und gut kennenlernen durfte – als Kind nannte ich ihn »Großvater Biaseto« –, pflegte von sich zu sagen: »Ich bin eine Randexistenz.« In dieser Feststellung liegt die Trauer darüber, marginalisiert zu sein und sich so zu fühlen, als Dichter vergessen zu sein oder als unbedeutender, lokaler Dichter zu gelten, marginal im Vergleich zu den vorherrschenden, zentralen Strömungen der italienischen Literatur. Hinter dieser Trauer verbirgt sich jedoch auch eine verächtliche Kritik an denen, die sich im Zentrum wähnen und darum die Bedeutung dessen, was am Rand existiert, nicht verstehen können. Außerdem schwingt hier das freilich sehr persönliche und vom besonderen Schicksal des sich missachtet fühlenden Dichters getönte Echo einer Haltung mit, die viele Schriftsteller aus Triest und der ganzen Region Julisch Venetien teilen. Sie wuchsen während der letzten Phase des Habsburgerreiches in dessen Grenzgebiet auf, welches auch die Grenze, der Rand Italiens war. Die Triester Schriftsteller in der großen Tradition der Zeitschrift *La Voce*, von denen viele, auch Marin, in Wien und Florenz studierten, reagieren sehr streitbar auf die »Italiener«, die sie nicht verstehen. Bei Marin gibt es zudem ein selbstbewusstes Bestehen auf der eigenen Marginalität, als wäre sie nicht nur ebenso wichtig wie das Zentrum, sondern auch authentischer und kreativer, eine wahrhaftigere Stimme, gerade weil sie vom Rand kommt.

Marins Randexistenz wird also mit einem stolzen Bewusstsein um ihre Einzigartigkeit und Besonderheit geltend gemacht, sie widersetzt sich der lärmenden, hektischen Welt des Zentrums, das viel zu stark frequentiert wird, wodurch es jede identitätsstiftende Bedeutung verliert, um als Gemenge wirrer, betäubender Reize seine Konturen einzubüßen. Wenn Marin mit jener Mischung aus Bitterkeit und Stolz immer wieder sagte, er sei »eine Randexistenz«, bezog er sich nicht nur auf die Sprache seiner Gedichte, den Dialekt von Grado, der in den Abrissen der Nationalliteratur nur allzu leicht ignoriert wird, oder auf die Begrenztheit seiner Welt der Provinz, die sich ihrer glanzvollen venetischen Traditionen und eindrucksvollen Basiliken rühmen darf, aber zahlenmäßig unbedeutend und gewiss nicht in der Lage ist, in der »großen Welt« der Geschichte, wie Mephisto sie im »Faust« nennt, politisch und kulturell eine herausragende Rolle zu spielen. In Marins Grado hat »Rand« lange die Bedeutung von »Landesgrenze« gehabt und hat sie vielleicht noch heute. Bis zum Ersten Weltkrieg war Grado die Grenze zwischen Italien und Österreich-Ungarn, und die italienischen Irredentisten schwammen manchmal nachts durch die Lagune, um bei Marano italienischen Boden zu berüh-ren. In früheren Jahrhunderten war Grado auch mehrmals Rand-Grenze der Republik Venedig. Noch immer liegt es am östlichen Rand Italiens, auch wenn das heute nicht mehr die Tragweite hat, die es bis vor ein paar Jahrzehnten hatte, als diese – heute vom Schengener Abkommen nahezu aufgeho-bene – Randlage die undurchdringlichste Grenze überhaupt einschloss: den Eisernen Vorhang.

Auch in dieser Hinsicht ist der »marginalisierte« Marin ein typischer Bewohner der Grenze und blickt von dort mit kritischer Liebe auf das Zentrum, mit dem er sich gerne wie-der verbinden möchte, obwohl es ihm häufig dieser Liebe und dieses Wunsches nicht würdig erscheint. Als materieller und geistiger Ort der Zugehörigkeit/Nicht-Zugehörigkeit – wie in dem eindrücklichen Roman von Franco Vegliani »La frontiera« – ist die Grenze ein empfindlicher Rand, reizbar und bissig wie ein Nerv, wo die Beziehung zwischen Zen-trum und Peripherie besonders widersprüchlich wird. An diesem Ort verwandelt sich das Gefühl der Marginalität, das stark, ja, bis zur Neurose empfunden werden kann, mehr oder weniger unfreiwillig, sicher aber in paradoxer Umkeh-rung oft in ein Gefühl der Überlegenheit gegenüber dem Zentrum, mit dem man sich jedoch sehnlich wieder zu verbinden wünscht. Dieses Gefühl beflügelte während der Zeit der Habsburger viele Triester Irredentisten, die ihre Stadt mit Italien wiedervereint sehen wollten und dafür so-gar kämpften und starben, sich aber für die wahreren, viel-leicht sogar die einzig wahren Italiener, auf jeden Fall für echtere Italiener hielten als die Bewohner der Halbinsel. So-gar in Fiume bezeichneten die italienischen Irredentisten die

Staatsbürger jenes Italien, dem sie inbrünstig anzugehören wünschten, ein wenig abschätzig als »taliani«.

Es ist eine Haltung, die zur Daseinsform wird und eher empfunden als gedacht wird, eher poetisches Gefühl als ideologische Position ist, wie man schon den ersten Zeilen des Romans »Mein Karst« von Scipio Slataper anmerkt, der charakteristischsten Stimme dieses Geistes der Rand-Grenze und in gewisser Weise vielleicht ihr Erfinder, zumindest was Triest betrifft. In diesen ersten Zeilen versucht Slataper den Italienern, also von ihm unterschiedenen Anderen, seine Identität als Bewohner der Grenze zu erklären, obwohl er ein italienischer Patriot ist, der wenig später im Krieg für Italien sterben wird. Viele Autoren, darunter auch Enzo Bettiza oder Fulvio Tomizza, sind dieser problematischen Grenzmarginalität und ihrem Nationalismus, der unduldsam ist gegenüber der erst idealisierten, dann gegeißelten eigenen Nation, auf den Grund gegangen und haben daraus das Thema und die Musik ihrer Literatur gemacht.

Die Begriffe »Rand«, »am Rand« oder »randständig« drücken in erster Linie eine räumliche und geographische Verortung aus, doch sie verweisen auch auf eine begriffliche Kategorie, zu der die Bedeutung »zweitrangig« oder »nebensächlich« sowie viele andere manchmal doppeldeutige und widersprüchliche Synonyme im Italienischen und anderen Sprachen gehören. Im Wörterbuch der Real Academia Española zum Beispiel gibt es für »Rand« den Begriff *margen*, aber auch *borde*, einen mehrdeutigen Ausdruck. *Borde* bedeutet nämlich auch Bastard, unehelicher Sohn im pejorativen Sinn und in erweiterter Bedeutung – in dem Fall als gesellschaftliches Vorurteil –, auch unsympathisch, abstoßend, unangenehm. Shakespeare jedoch nannte die Bastarde die »unter einer Rose Geborenen«, also Früchte wahrer Leidenschaft statt einer ausgelaugten oder verpflichtenden Konvention. *Borde* hängt außerdem mit dem Bord des Schiffes zusammen, vor allem, wenn man hart am Wind segelt, das heißt, den Wind scharf von vorn nimmt. In dem Fall bezeichnet *borde* sowohl, das Problem anzugehen, als auch die Geschicklichkeit, mit der man es meistert, kurzum, es wird zum Synonym für Risiko und Mut.

Diese Beispiele zeigen, dass man die Bedeutungsnuancen berücksichtigen muss, die der Begriff »Rand« in den einzelnen Sprachen annimmt, wenn man sich mit der Fülle seiner Konnotationen befassen will. In seinem gegliederten Bedeutungsspektrum, wie es in Wörterbüchern aufgeführt ist, enthält der Begriff eine gegensätzliche Komponente, das heißt, er hat eine klare Bedeutung nur dann, wenn er seinem als Alter Ego und Rivalen definierten Zentrum entgegengesetzt wird.

Ohne ein Zentrum hätten auch der Rand oder die Peripherie keinen Sinn, denn diese Kategorien haben ihre Existenzberechtigung nur im Inneren eines Raumes, der in der Mathematik metrischer Raum genannt wird und einen Distanz oder Norm genannten Operator besitzt. Dieser misst den Abstand, der sich nach den von der Norm festgelegten Kriterien zwischen einem beliebigen Element der Gesamtheit oder auch Menge und einem besonderen Punkt darin ergibt, der dann als vereinbarter Bezugspunkt, also als Zentrum benutzt wird.

Offenbar ist die Beziehung Zentrum-Rand vorläufig und instabil, weil eine Neudefinition der verwendeten Metrik genügt, um sie zu erschüttern und die Begriffe der Beziehung umzukehren: Führt man eine andere Bedeutung von Abstand ein (räumlich, zeitlich usw.), verändern sich die algebraische Struktur der Menge und die Art der Beziehung zwischen den Elementen völlig. Punkte, die gemäß einer bestimmten Metrik (zum Beispiel dem Raum) weit voneinander entfernt sind, können innerhalb einer neuen Metrik (zum Beispiel der Zeit) einander näher rücken. So können, was vielleicht paradox erscheint, einige Punkte, die anfangs eine periphere Stellung hatten, in einer geeigneten Metrik dahin gelangen, sich das Zentrum wieder anzueignen.

Auch wenn das Wort »Rand« in der Alltagssprache hauptsächlich die Bedeutung von peripher und zweitrangig annimmt, ist es doch unverzichtbar, um in verschiedenen Fachgebieten eine Grenze zu ziehen, die nicht überschritten werden kann. Diese Grenzlinie erlaubt es zum Beispiel, die begrifflichen Kategorien des Denkens zu definieren und die unüberschreitbaren Grenzen seiner Ausübung festzulegen. Damit vermeidet man die Entgrenzung des Denkens bis in die unerforschlichen Räume des Unendlichen, also in jene seit Platon und Aristoteles gebrandmarkte »schlechte Unendlichkeit«, die mit ihrer Inkommensurabilität und dem Gefühl der Leere, das sie hervorruft, die Ausübung des Denkens unmöglich macht. Denn das Denken muss sich innerhalb klar definierter Grenzen bewegen können. Der Rand ist ein Bollwerk gegen die Vermessenheit, jene *Hybris*, die für das griechische Denken Schuld und Tragödie bedeutet. Auch die Kultur der römischen Antike hatte ein ausgeprägtes Bewusstsein vom *Limes*, dem Wall, der die Grenzen des Reiches markierte. In den von Augustus oder Marc Aurel regierten

Ländern gibt es noch immer ehrwürdige Überreste seiner strengen Erhabenheit. Der Rand ist hier der Wall, und er symbolisiert den Schutz der Zivilisation. In diesem Fall liegt das, was Wert hat, innerhalb der Grenze, wie ein Gedicht in einem Buch. Die Grenze kann ausgeweitet, der Innenraum ausgedehnt werden, weicht die Grenze aber zurück oder wird durchbrochen, bedeutet das die Niederlage, das Ende.

Der Rand, als Grenze verstanden, zieht innerhalb einer Menge beliebiger Art eine Demarkationslinie zwischen den Elementen, die dazugehören, und denen, die kein Teil dieses Ganzen sind: eine ausgehend von der Struktur der Umgebung (den Abschnitten des angrenzenden Raumes) festgelegte Grenze, die durch die Übernahme einer bestimmten Metrik entsteht, und innerhalb derer die Elemente der Menge, aber auch solche Punkte liegen, die zu einer anderen, angrenzenden Menge gehören. Die Definition eines isolierten Punktes führt zu einem noch radikaleren Begriff von Marginalität, insofern sie das Vorhandensein einer ganzen Familie von Räumen festlegt, die diesen Punkt umgeben (nach der Größe ihrer Ausdehnung geordnet) und keinen anderen Punkt der untersuchten Menge enthalten, sondern nur Elemente, die zu anderen Mengen gehören. Offensichtlich ist die Beziehung zwischen Zentrum und Rand vorläufig, provisorisch und verändert sich je nach der Veränderung des gewählten Abstands: Ein Element der Menge, das anfangs im Zentrum lag, also ein Element, in dessen Nähe sich unzählige andere, derselben Menge zugehörige Punkte befinden, kann sich durch einen Wechsel der Metrik plötzlich an den Rand gedrängt finden; umgekehrt kann ein zuvor am Rand einer Menge befindlicher Punkt infolge einer algebraischen

Veränderung plötzlich das Zentrum besetzen. Letzterer kann außerdem die Extreme inkommensurabler Größen enthalten, weil eine unbegrenzte Menge ebenso viele Anziehungspunkte (Punkte, in deren Nähe sich andere Elemente derselben Menge befinden) besitzt, außerdem das unendliche Plus oder das unendliche Minus.

Auch geographische Gefüge, politische Kräfteverhältnisse, Mehrheitsideologien oder ökonomisch-soziale Hierarchien sind veränderlich, und man erlebt häufig Wechsel, die ein Zentrum an den Rand versetzen und einen Rand ins Zentrum. Die Geschichte, die Ländergrenzen verschiebt und Staatsgrenzen neu definiert, ist ebenfalls ein Alternieren vielfältiger Art zwischen Rand und Zentrum. So auch die Literatur oder die Wissenschaft mit ihren Mehrheits- und Minderheitsströmungen, die oft die Rollen tauschen und somit eine Logik des Wechsels im Sinne von Konsens und Anhängerschaft erzeugen. Beides kann sich sowohl institutionell niederschlagen als auch mit dem Thermometer der Beliebtheit gemessen werden.

Wenn Rand auch Begrenzung und Grenze bedeutet, wird der Begriff entscheidend für die Definition der begrifflichen Kategorien des menschlichen Geistes. Der Rand begrenzt zum Beispiel den Umfang des Guten, indem er den kritischen Punkt markiert, hinter dem das Böse beginnt. Und das gilt für viele andere philosophische Kategorien, besonders die moralischen, beispielsweise jene, die die Grenzen zwischen Tugenden und Sünden definieren. Wie Jack Goody in seinem Essay »Les limites: une perspective anthropologique« bemerkt, verweist die Grenze oder gleichermaßen der Rand im begrifflichen Rahmen der Organisation des Denkens auf die Frage der »durch Sprache verbreiteten Kategorien«, die verschriftlicht oder durch eine orale Tradition inspiriert sein können. Im ersten Fall gelangt man zu einem allgemeinen, erschöpfenden und präzisen Klassifizierungssystem, wie zum Beispiel bei Lehrbüchern, die ihre Gegenstände jeweils genau definieren, unveränderlichen Kategorien zuordnen (die Tomate muss ein für alle Mal zu den Gemüsen oder den Früchten gezählt werden). In oralen Gesellschaften dagegen sind die kategorialen Grenzen fließend und variieren in Bezug auf den Kontext, man sieht sich also mit vorläufigen und instabilen Gliederungen konfrontiert, die nicht dem Zwang binärer Unterteilung und strenger, allgemeiner, hierarchischer Klassifikation unterliegen.

Flexible Kategorisierung, bemerkt Goody, macht eine sinnvolle Behandlung der Welt unmöglich, wie der Fall der Sozialwissenschaften zeigt. Um dem Problem zu begegnen, bedienen sie sich einer dekontextualisierten Sprache, in der Hoffnung, damit über ein Analyseinstrument zu verfügen, das lokale Klassifikationssysteme überwindet und neue einführt, die weite Bereiche erfassen und überall anwendbar sind.

Auch die Territorien von Staaten werden nach ihrem Rand, ihren Grenzen definiert, die sie begrenzen und schützen – nicht zufällig haben Kriege immer zu veränderten Grenzverläufen geführt und die Kartierung von Staatsgebieten manchmal sogar gänzlich umgeformt, deren Hoheitsgebiet also in eingeschränktem oder ausgeweitetem Sinne neu festgelegt. Gelegentlich können Territorien Enklaven innerhalb eines Staatsgebiets bilden und der Herrschaft anderer Länder unterstehen, wie Ostberlin innerhalb der DDR oder Hongkong innerhalb der Volksrepublik China. In diesem Fall kann man durchaus von »isolierten Punkten« im oben definierten Sinne sprechen.

Die Gegenüberstellung Zentrum-Rand ist, wie wir gesehen haben, instabil und vorläufig. Denn eine einfache axiomatische Neudefinition der Mengen, auf deren Grundlage sich alle anderen Mengen generieren lassen, die also den Raum schaffen und die Basis der eingeführten Topologie bilden – das heißt, jener besonderen Unterteilung der Menge in Teilmengen, die bestimmten Axiomen genügen –, verändert die Hierarchie des betrachteten Raumes gründlich. Benutzt man nämlich neue Mengen, um eine Basis zu bilden, verändert man das Zentrum oder die Zentren der Menge, also auch ihren Rand.

Der Begriff des Randes verweist auch auf den der Endlichkeit: Eine unbegrenzte Menge hat keinen Rand, weil es unmöglich wird, in ihr irgendeine der üblichen Grenzlinien zu ziehen – auf der anderen Seite wird es immer einen weiteren Teil dieser Menge geben. Die Mengenlehre, deren Ziel es ist, den Begriff der Metrik und den des Abstands zu axiomatisieren (das heißt, eine Reihe von Prinzipien aufzustellen, auf deren Grundlage sich anhand eines strengen, logisch-deduktiven Verfahrens bestimmte Ergebnisse erzielen lassen), unterliegt häufig Neudefinitionen ihrer Gegenstände. Und sie ist auch gezwungen, die binären Beziehungen zwischen diesen Gegenständen, die durch topologische Veränderungen entstehen, neu zu definieren. Denn diese Veränderungen projizieren die algebraischen Strukturen – die inkommensurabel wären, wenn sie in ihrem ursprünglichen Raum blieben – in einfachere Räume, wo die Beziehung zwischen den Gegenständen der Menge stattdessen endlich und messbar ist.

Der Begriff des Randes spielt auch eine entscheidende Rolle bei der Infinitesimalrechnung, die Newton und Leibniz gleichzeitig, aber unabhängig voneinander entwickelten und benutzten, um die Bewegung der Himmelskörper zu beschreiben. Sie benennt die relative Zunahme oder Abnahme des Wertes einer abhängigen Variablen infolge einer – beliebig kleinen – Störung des Wertes der unabhängigen Variablen, also jener, deren Wert nicht von dem abhängt, den andere Variablen annehmen können. Notwendige Bedingung, um die Differentialrechnung anwenden zu können (dieser Bereich der Mathematik beschreibt ein System, das aus funktionalen Beziehungen zwischen Variablen besteht und von ihrer »marginalen« oder »beliebig kleinen« Zunahme ausgeht), sind die Eigenschaften der Kontinuität und Differenzierbarkeit. Eine Funktion, die Elemente einer Ausgangsmenge (des Bereichs) mit Elementen einer Zielmenge (Definitionsbereich) verbindet, kann die Eigenschaften der Kontinuität der Punkte erhalten. Das geschieht, wenn alle Punkte, die in der Nähe des untersuchten Elements liegen, mithilfe des Gesetzes der Stabilitätsfunktion mit Punkten verbunden werden, die ihrerseits nah bei der Projektion (dem Bild) des Elements liegen. Die Eigenschaft der Differenzierbarkeit folgt unmittelbar daraus: Eine Funktion ist nämlich nur dann in einem bestimmten Punkt differenzierbar, wenn die Grenze des inkrementellen Verhältnisses –

also die Grenze der Beziehung zwischen der Distanz der Abbildungen der im Zielbereich liegenden Punkte und der Distanz zwischen den zum Ausgangsbereich gehörigen inversen Abbildungen – genau definiert und kontinuierlich ist, unabhängig davon, ob die Abweichung zwischen dem untersuchten Punkt und seinen Nachbarpunkten nun unter negativem oder positivem Vorzeichen steht. Die Eigenschaft der Kontinuität und jene der Differenzierbarkeit stehen, wie sich leicht zeigen lässt, in enger Verbindung, da die zweite die erste impliziert: Kontinuität ist eine notwendige Bedingung für die Eigenschaft der Differenzierbarkeit. Der Einsatz der Differentialrechnung als bevorzugtes Instrument der Analyse natürlicher Phänomene, zum Beispiel in der Physik oder Chemie, aber auch sozialer Phänomene, wie in der Ökonomie, setzt eine kontinuierliche und differenzierbare Vorstellung von der Welt voraus, eine optimistische, sanfte Sicht, der zufolge die Wirklichkeit, wenn sie erschüttert und gestört wird, auf stetige, fortschreitende und vorhersehbare Weise reagiert, sich also von der mathematischen Analyse beschreiben und erforschen lässt.

Wenn dem Begriff »Rand« die Bedeutung »Peripherie« oder »Grenze« hinzugefügt wird, tauchen neue Deutungskategorien auf, allerdings mehrdeutige und paradoxe. Spricht man zum Beispiel von der »Fehlermarge«, bezieht man sich auf jenen statistischen Rest, in dessen Grenzen eine gegebene Behauptung oder eine gegebene Größe als Untersuchungsgegenstand von einer durchschnittlichen, zuverlässigen Vorhersage abweichen können: Die Wahrscheinlichkeit, dass der Irrtum der Vorhersage die Fehlermarge überschreitet, müsste gleich null sein, und falls sie von den Fakten widerlegt wird, schadet dies dem Ruf der wissenschaftlichen Disziplin oder jenem des Wissenschaftlers, der das Experiment durchgeführt hat.

Man denke in diesem Zusammenhang an die zahlreichen Meinungsumfragen, die von statistischen Instituten durchgeführt werden, um Tendenzen der politischen Willensbildung oder Konsumvorlieben bei der Bevölkerung zu erfassen. Diese Umfragen werden mithilfe eines Fragebogens durchgeführt, der einem engen, aber repräsentativen Ausschnitt der Bevölkerung vorgelegt wird. Repräsentativ ist die Auswahl der Befragten, insofern sie die Verteilung der Einkommensverhältnisse und Berufe, des Bildungsstands, Alters und Geschlechts der Bevölkerung widerspiegelt. Das Ergebnis solcher Umfragen ist eng mit den Kriterien der Auswahl des befragten Personenkreises verbunden, daher gestatten sie natürlich nur eine partielle Abbildung des Landes und unterliegen einer statistischen Fehlerquote.

Auch in anderen Kontexten erscheint der Begriff »Rand« in positiver Bedeutung. Wer zum Beispiel vom »Handlungsspielraum« spricht, meint, dass eine Handlung, die zu einem bestimmten Zweck unternommen wird, nicht auf ein sehr kleines Spektrum möglicher Alternativen beschränkt ist, sondern eine beträchtliche Vielfalt an Wahlmöglichkeiten enthält. Die Redeweise von einer »Zeitspanne« meint dagegen den Zeitrahmen, in dessen Grenzen eine auf ein bestimmtes Ziel gerichtete Handlung sich vollziehen muss; es ist ein elastischer, flexibler Zeitrahmen, allerdings innerhalb beschränkter zeitlicher Schwankungen.

Auch als Peripherie kann der Begriff »Rand« positive Bedeutungen annehmen, zum Beispiel wenn er den Gegensatz zwischen dem baufälligen, chaotischen und durch Gewalt geprägten Zentrum mancher Großstädte und seinen ruhigen, sauberen, sicheren Wohnvierteln am Stadtrand meint. Freilich wohnen in den städtischen Peripherien oft die ärmsten Schichten der Bevölkerung, zum Beispiel in den Favelas der Megastädte vor allem der Entwicklungsländer. Diese ausgegrenzten Randexistenzen gehören zu den Verdammten dieser Erde, sie sind von der Politik und der Geschichte ausgeschlossen und leben eher außerhalb des Randes als am Rand selbst. Es ist das Proletariat ohne Bewusstsein von sich selbst, das sich gefährlich leicht für reaktionäre Ziele manipulieren lässt. Marx nannte es das »Lumpenproletariat« in geistigem, ideologischem und politischem Sinn, weil es so ausgebeutet und unterdrückt ist, dass es keine Möglichkeit hat, sich zu bilden und ein Bewusstsein von sich selbst zu entwickeln. Die häufig aus falschen, sentimentalen Beweggründen idealisierte »Volkskultur« ist meistens rückschrittlich, eine Kopie der Hochkultur und von dieser im Stich gelassen.

Pasolini, der diese extreme Marginalität oder Extra-Marginalität innig liebte, da er in ihr eine Möglichkeit der Erlösung sah, hat ihre regressiven Seiten und die abhängige, objektiv falsche Bindung an diese dunklen Wurzeln, die sie als pittoresk und folkloristisch verherrlicht, immer kritisiert. Über sein geliebtes bäuerliches Friaul, das von der bürgerlich-kapitalistischen Geschichte überholt wurde – in jüngster Zeit hat sich die Situation allerdings völlig verändert –, sagte Pasolini, man habe sich geistig und gefühlsmäßig von ihm lösen müssen, um es auf einen Bewusstseinsstand zu bringen, der es wirklich darstellbar machte. Seiner Ansicht nach war es in jenem historischen Moment notwendig, sich selbst zu marginalisieren in Bezug auf die vermeintlich selbstgenügsame, in sich verschlossene Marginalität des Friaul. Doch Pasolini wusste auch, dass diese Marginalität einen konkreten Kern von Authentizität und Widerstand gegen den falschen Verlauf des Fortschritts barg, also jenen enthumanisierenden gesellschaftlichen und kulturellen Wandel, den er so glühend hasste. Der falschen provinziell-volkstümelnden Peripherie setzte er eine »extreme, bestürzte Archaik« entgegen, die sich nicht zum Konsumgut machen lässt und der Keim einer wahren Befreiung ist.

Manchmal wird das Zentrum sogar erst durch die Definition seines Randes erkennbar, wie zum Beispiel das Zentrum einer Nation als bewegliche, fließende Vorstellung, die sich in dem Maße verändert, wie Grenzen sich als Folge von Kriegen oder internationalen Abmachungen verschieben. In anderen Fällen dagegen entpuppt sich das Zentrum als sehr viel unabhängiger von solchen Grenzverschiebungen: Paris ist das Zentrum Frankreichs, unabhängig vom Verlust oder der Wiedergewinnung vom Elsass oder von Lothringen. Rom ist das Zentrum der katholischen Kirche, unabhängig von der Ausdehnung, Verkleinerung oder örtlichen Verlagerung der Weltgemeinschaft der Gläubigen.

Die geographische Randposition kann bei denen, die in ihr leben, eine hochmütige, aristokratische Verachtung des als chaotisch angesehenen Zentrums hervorrufen. Es kennt die eigenen kulturellen Grundlagen nicht, in denen sich seine unterschiedlichen, widerstreitenden Seelen verbinden müssten, und besitzt kein von allen geteiltes Bewusstsein der eigenen Identität, zumal diese sich in einer Vielfalt widersprüchlicher soziokultureller Tendenzen und Fermenten auflöst. Manchmal kommt es zu einer heilsamen gegenseitigen Durchdringung unterschiedlicher Stimuli, dann beleben sie das gesellschaftliche Gefüge und bereichern es, doch ebenso oft kann der schleppende Dialog zwischen diesen Kräften zu sozialen Spannungen führen, die eine gelingende Synthese verhindern und Unordnung, Verwirrung und Konflikte hervorrufen.

Aus dieser Perspektive hat das Bewusstsein von der eigenen räumlichen, also auch kulturellen Position und Identität prägnantere Züge beim Bewohner der Peripherie, der seine Marginalität mit einem stark emotional gefärbten Pathos und dem beruhigenden Wissen um die eigene Besonderheit lebt und dem Zentrum entgegensetzt. Da die Bewohner des Zentrums das Gefühl der Einsamkeit und Isolierung durch die geographische Marginalisierung nicht kennen, besteht für sie keine zwingende Notwendigkeit, über den Sinn ihres Daseins in der Welt nachzudenken, also auf die Wurzeln ihrer Identität zurückzugehen. Was vielleicht auch daran liegt, dass diese Identität zu stark von der wachsenden Menge vielfältiger Reize und unterschiedlicher Kulturen im Zentrum überlagert wird.

Gerade weil dem in die Peripherie verbannten Individuum die Distanz bewusst ist, die es vom Zentrum trennt, und diese Tatsache ein Minderwertigkeitsgefühl auslösen kann, versucht es, seinen Gemütszustand und seine Randposition durch eine mitunter sogar gewaltsame Entgegensetzung zum Zentrum mit seiner zerstreuten, in einem Meer mannigfaltiger Identitätsangebote verwässerten Identität zu nobilitieren. Einem solchen Zentrum kontrastiert es die Ausgeglichenheit und Geschlossenheit seiner Kultur der Peripherie, was durch die geringere Größe der Wohngebiete am Stadtrand erleichtert wird, denn sie lassen sich nur schwer in noch kleinere Lebenswelten zerteilen. Dieser Prozess wird meistens zu mehr oder weniger bewussten Formen von Lokalchauvinismus und defensivem Beharren auf der eigenen Identität führen, die Marginalität zum kommunitaristischen Epos verklärt.

Hinter der stolzen Verteidigung der eigenen Marginalität kann sich, im Gegensatz zur Kritik an den fragmentarischen Identitäten im Zentrum, auch eine Verachtung des Konformismus im Zentrum verbergen, der als gleichförmig und gleichmachend angesehen wird. Diese Haltung kann sich als Anspruch auf eine alternative, originelle, antikonformistische, vor allem aber andersartige Identität ausdrücken und mitunter extreme Rückfälle in einen geographischen, politischen, kulturellen und sprachlichen Antagonismus provozieren. Seit jeher verfolgen die verschiedenen Formen des Separatismus, der auch erbitterte und gewaltsame Formen annehmen kann, zumindest theoretisch das Ziel, den Rand vom Zentrum zu emanzipieren (zunächst wirtschaftlich und steuerlich, dann politisch), um einen neuen Raum in verkleinertem Maßstab zu schaffen, wo die Gebiete, die in den ursprünglichen Staaten am Rand lagen, nun das Zentrum der neuen staatlichen Gefüge bilden. In Europa gilt das für die autonomistischen Bestrebungen des Baskenlands und Kataloniens in Spanien, für Nordirland, Schottland und in Italien für Südtirol.

Abgesehen von legitimen Forderungen und unbegründeten Ansprüchen (erstaunlicherweise besonders bei den Orten, die schon seit langem weitgehende Autonomie genießen), speisen sich solche Bestrebungen wahrscheinlich aus dem Wunsch, die Geographie umzugestalten, indem man neue staatliche Realitäten schafft, die – wie klein auch immer – endlich die Rolle des Zentrums übernehmen können. Doch dieser Prozess führt zwangsläufig zu einem unendlichen Regress, weil auch die neuen, durch separatistische Abspaltung entstandenen Staatsgebilde sich mit ihren eigenen Rändern auseinandersetzen müssen, eine Dialektik, die unaufhörlich weitere autonomistische Bestrebungen wecken und ständig Grenzen sprengen und verschieben wird. Im Ergebnis würde das zur Bildung immer neuer Nationen führen, die aufgrund ihrer geringen Größe zunehmend bedeutungslos werden. Am Ende bestünde das einzig mögliche Gleichgewicht aus einem Gefüge unzähliger Kleinstaaten, die keine Grenzen mehr haben, wie im Fall der Stadtstaaten, den Kommunen oder der Nebelwolke aus winzigen Staaten im Heiligen Römischen Reich, die sämtlich nicht nur Zentrum und Rand zugleich waren, sondern alle auch aus einem Gewirr von Befugnissen, Autoritäten, unterschiedlichen Statuten, Kooperationen, religiösen Institutionen und lokalen Bruderschaften bestanden – ein Gewirr aus Rändern.

Beim Schreiben ist der Rand der leere, weiße Raum, der die Seite einrahmt, oder der Raum für die Fußnoten am unteren Seitenrand. Sie sind zweitrangig im Vergleich zum Haupttext, doch manchmal nicht nur für sein vollständiges Verständnis, sondern auch für seinen Sinn unerlässlich. Nicht zufällig nehmen manche Autoren, die besonders offen sind für das Spiel mit Strukturen, sie in den Text hinein.

Der weiße Raum, der die Seite umgibt, kann auch zum offenen Raum für das Mögliche, stillschweigend Vorausgesetzte oder Ungesagte zwischen zwei Wörtern werden und manchmal nicht weniger bedeutend sein als die Wörter selbst. Benedetto Croce empfahl, lieber die Anmerkungen statt die Kapitel von Hegels »Enzyklopädie der philosophischen Wissenschaften« zu lesen. Während das bedeuten kann, dass das Wesentliche sich mitunter an den Rand flüchtet, findet man eine andere, subtilere oder vielleicht auch nur oberflächlich-extravagante Würdigung des Randes in der klassischen französischen Kultur: »Il était d'usage écrire au roi à mi-marche et le roi mettait la réponse à coté«, schreibt Chamfort. Vertrauliche Dinge, aber auch Mitteilungen auf höheren Ebenen hierarchischer Verhältnisse und höfischer Günstlingswirtschaft sagt, oder besser, schreibt man an den Rand. Ein französischer Historiker, Joseph François Dupleix, war der Erste, der seine wichtigsten Quellen am Rand zitierte.

Die im Kult des Randes implizierte Raffinesse nahm manierierte, elegant-frivole Züge an. Eine aristokratische, diskrete, manchmal auch zynische Kultur wie die französische des 18. Jahrhunderts schätzte den Rand ebenso, wie sie kleine Geschichten, *Histoirettes*, liebte, die vor allem mit dem freizügigen, galanten Leben zu tun hatten, mit dem, was in den höheren Kreisen am Rand der großen Politik blieb, mit den erotischen Abenteuern der Damen von Brantôme oder Tallemant des Réaux. Der Rand war raffinierte und auch müßige Eleganz, er wurde – nicht ohne die in der aristokratischen

Pose liegende Vulgarität – dem Imperativ der Moralität und Pflicht, der Mühsal der Arbeit entgegengesetzt.

Doch der Rand kann auch so schlicht sein wie das Leben und die Kunst des Volkes, die sich mit seinem demütigen, anonymen und unauffälligen Fluss zu identifizieren scheinen. »In den alten Opernpartituren, die in Venedig aufbewahrt werden«, schrieb der Kunstkritiker Francesco Algarotti, »liest man sehr oft am Rand von kleinen Arien ›Aria für Fährmänner‹. Diese Arien pflegten nicht weniger schön zu sein, weil sie beim Volk besonders populär waren.«

Der Rand kann auch stolz als freie Wahl und Lebensform verteidigt werden. »Wir sind am Rand geboren, dort geblieben und werden dort bleiben«, sagte der Schriftsteller Paul Léautaud selbstbewusst. Nach Jules Marouzeau sind die Menschen am Rand »gens au parler franc«, Leute, die Konventionen verachten und deren Sprache eine fortwährende Kundgebung von Anarchie ist – genau das Gegenteil jener raffinierten aristokratischen Eleganz, bei welcher der Rand das Gütesiegel für überfeinerte Sitten zu sein scheint.

Radikale Veränderungen erfuhr die Beziehung Rand-Zentrum durch die Informatik. Man denke an die im Internet zirkulierenden Dokumente, auf deren erster Seite immer die Hinweise auf andere Dokumente auftauchen, die anfangs am Rand stehen, aber mit einem einzigen Klick ins Zentrum des Bildschirms rücken. Das konnte natürlich nicht geschehen, als Informationen noch über einen Kreislauf aus Papier (oder über das Fernsehen) weitergegeben wurden, in dem die Hierarchie der Inhalte und die daraus folgenden, graduellen Prioritäten, welche die Reihenfolge festlegten, in der sie verbreitet wurden, völlig losgelöst von den persönlichen Vorlieben, Interessen und auch von den ideologischen Einstellungen des Nutzers waren – in diesem Fall der Leser oder der Zuschauer. Damals war er noch ein passives Individuum, ohne die Möglichkeit, seinen Zugang zum Informationsfluss nach eigenen Vorstellungen zu organisieren. Vor der Revolution der Informatik war das mediale Angebot hinter dem Anschein eines ideologischen und kulturellen Pluralismus im Grunde dürftig und einförmig in seinen Inhalten und kommunikativen Mitteln. Der heutige Internetnutzer ist dagegen ein aktives oder besser interaktives Individuum und völlig souverän in seiner Freiheit, diejenigen Formen auszuwählen, in denen er sich die verfügbaren Informationen mit wenigen, rasch aufeinanderfolgenden Klicks auswählen und beschaffen will, ohne dabei äußeren Zwängen zu unterliegen.

Soziale Netzwerke wie Facebook erlauben es obendrein, den Informationsfluss, der ins Netz gestellt werden soll, selbst zu produzieren, wobei diese Produktion die Vorlieben, den Geschmack und die Interessen des Nutzers getreu widerspiegelt, ohne dass er deren Inhalte zuvor mit einer zentralen, autoritären Instanz verhandeln musste. Diese unerhört neue Macht des Computernutzers, die ihn an der Herstellung von Informationen und der Entscheidung über ihre Verbreitung beteiligt, nimmt mit dem technischen Fortschritt und der Ausdehnung des Netzes zu. Einerseits scheint diese Entwicklung endgültig die Demokratisierung des Informationsflusses zu besiegeln, indem sie jeden in die Lage versetzt, die jeweiligen Zugangsweisen zu Informationen selbst zu wählen. Andererseits aber läuft sie Gefahr, im Unterschied zur Information auf Papier und über das Fernsehen – wo die Relevanz der Fakten allerdings auch häufig umgekehrt wird, um mit starken Reizen Leser und Zuschauer zu gewinnen –, als maßgeschneidertes Palimpsest zu enden, das die objektive Hierarchie von Informationen (vorausgesetzt, sie lässt sich ohne kulturelle oder ideologische Parteilichkeit festlegen) fortwährend verdreht und verfälscht: So kann eine Klatschgeschichte schließlich das Zentrum besetzen, während die Nachricht von einer kriegerischen Auseinandersetzung an den Rand verbannt wird.

Ausdruck und Kommunikation in digitaler Form haben daher die Dynamik und Wandlungsfähigkeit der Beziehung zwischen Zentrum und Rand verschärft, indem sie eine Technik und strukturelle Dialektik weiterentwickelt, manchmal auch ins Extrem getrieben haben, die es schon in der modernen und zeitgenössischen Literatur gab, vor allem in der experimentierfreudigen Erzählkunst. Wie auch immer er aussieht, welches auch immer sein Hauptthema, der wichtigste Forschungsgegenstand ist, von dem er ausgeht – der Hypertext erweitert die Möglichkeiten und Experimente des zeitgenössischen, aber auch schon des modernen Romans, der sich vom »Don Quijote« bis zum »Tristram Shandy« über Abschweifungen und Umwege entwickelt, die das Hauptthema von einem Ereignis zum anderen verschieben.

Das Fenster, das sich durch einen Klick auf dem Bildschirm öffnet, befindet sich anfangs seitlich vom Hauptfenster, kann aber dessen Platz einnehmen und zum wichtigsten Verlauf, zur Hauptstraße des Surfens werden, wenn es seine neue zentrale Stellung nicht wiederum weiteren, anfangs noch marginalen Abweichungen überlassen muss. Doch es ist ebenso schwierig, das Zentrum des »Tristram Shandy« zu benennen, und das trifft auf viele experimentelle Romane zu, die – wie öfter bemerkt wurde, zum Beispiel von Jean Clément – Ansprachen an den Leser, Fußnoten oder Exkurse des Autors in die Erzählung aufnehmen und sie zu ebenso dynamischen Bestandteilen der Geschichte machen, wie es auch die Psychologie der Hauptfigur, ihre Gefühlszustände oder ihre politischen Leidenschaften sein können.

Die Literatur ist reich an Beispielen dieser Art, die schon oft untersucht wurden, ein sehr berühmtes Beispiel ist Dostojewski. Bachtin zeigte die »karnevaleske« Struktur von Dostojewskis Romanen, wo jedes einzelne Element jedes andere, bis zu diesem Moment vorherrschende Element in Frage stellt und entthront. Sogar der Autor selbst verliert seine zentrale Stellung zugunsten seiner Figuren, er ist nicht mehr der Marionettenspieler im Mittelpunkt des Theaters, der an den Fäden seiner durch die Peripherie irrenden Figuren zieht, sondern wird einer von ihnen, der von Gleich zu Gleich mit ihnen spricht.

Der Wechsel zwischen Zentrum und Peripherie findet jedoch auch schon in den Ritterepen statt, in denen die Haupthandlung fortwährend unterbrochen wird, um Geschichten Platz zu machen, die häufig die eigentlichen poetischen Zentren des Epos bilden: In Tassos »Das befreite Jerusalem« ist die Reise von Carlo und Ubaldo zu den Glücklichen Inseln, wo sie Rinaldo aus den Fängen von Armidias Liebe befreien wollen, sicher nicht weniger wichtig als die Eroberung der Heiligen Stadt, immerhin das thematische Zentrum und der Handlungsfaden des Werkes.

Was der Rand für die geschriebene Seite ist, gilt noch mehr für den Rahmen eines Bildes, wie Antonio Somaini, Professor für Medienkultur, betont. Der Rahmen bedeutet, dass das Wesentliche im Bild liegt, er begrenzt es nicht nur, sondern schützt es auch und ermöglicht seinen Transport. Georg Simmel und Ortega y Gasset haben die vielfachen Bedeutungen des Rahmens wohl am gründlichsten herausgearbeitet, vor allem dort, wo der Rahmen zum integralen Bestandteil der Darstellung wird, wie bei »Las Meninas« von Velázquez. Der Rahmen ist kein Ornament, da er die Aufmerksamkeit nicht auf sich, sondern auf das Zentrum lenkt. »Er scheint sich also an einem schwer bestimmbaren Ort zu befinden, einem Ort, an dem alle in den Begriffen Rand, Grenze und Schwelle enthaltenen Aporien aufeinandertreffen« (Somaini). Als Rahmen ist der Rand ein Fenster, wie schon Simmel feststellte; er ist also ein Verschließen und Öffnen, wie das Fenster. Somaini erinnert daran, dass die Gruppe von Semiotikern, die sich selbst *groupe m* nannte, den Begriff *bordure* vorschlug, die Einfassung, die zu einer Einheit macht, was sie enthält.

Ähnlich ambivalent wie der Rahmen in seiner Bedeutung als Rand ist der Bildschirm. Seine Bedeutung variiert je nach der Form, die er annimmt. Natürlich umrahmt der Bildschirm wie der Bilderrahmen, er isoliert ein Stück Wirklichkeit, einen Raum von dem ihn umgebenden Raum. Doch im Kino, bemerkte Federico Pellizzi, ersetzen die Leinwand und das, was sie enthält, den wirklichen Raum, in dem die Zuschauer sitzen. Die Leinwand – der Rand – erscheint, wenngleich illusorisch, als der Rand der Wirklichkeit selbst. Wenn man einen Film sieht, denkt man nicht an den wirklichen

Raum, der die Landschaften, Wüsten, Meere oder Innenräume umgibt, die man vor Augen hat.

Mit dem Fernsehen wird diese alles umfassende Oberfläche »wieder privat, wird wieder zum Kammerspiel«, zum umgrenzten, eingeschränkten Raum, der in einen größeren, gleichzeitig wahrnehmbaren Raum eingebettet ist. »Beim Computer wird der Bildschirm zum Ort, wo das Private ins Öffentliche umschlagen kann und umgekehrt, eine Art karnevaleske Osmose.« Obwohl der Computer ein kleiner Behälter ist und sich räumlich in einer genau definierten Umgebung befindet, die ihn enthält, wird er zu einer karnevalesken Raum-Zeit im Sinne von Bachtin: Entgrenzung von Nähe und Ferne, Gemisch aus Gattungen und Formen, Wechsel von Innen und Außen, ein Zentrum, das sich ausdehnt und auflöst, wodurch es fortwährend Grenzen durchbricht und so eine Vielfalt überfließender und vergänglicher Zentren schafft.

In dem unendlich oft analysierten und noch von keiner Interpretation endgültig erfassten Meisterwerk »Las Meninas« lässt sich der Rand unmöglich von dem unterscheiden, was er umschließt, derjenige, der malt, von dem, der gemalt wird, der Rahmen von seinem Inhalt, der Maler als Subjekt und Schöpfer vom Maler als erschaffener und porträtierter Figur. Dieses Werk ist reine Darstellung, eine unendliche Gegenwart, die kein Subjekt braucht. Vielleicht kann nichts die Präzision und gleichzeitig die Unwirklichkeit des Randes so anschaulich machen wie das Gemälde von Velázquez. Eine Unwirklichkeit, die Gestalt annimmt in der Klarheit der Grenze, diese aber gleichzeitig zerfrisst und auflöst. Wie das Ende des Regenbogens oder des Horizonts, die man sieht, manchmal sogar sehr genau, die aber nicht existieren, die es nicht gibt. »Am Rand des Himmels endet das Reich« für Karl V., den Adler, heißt es in einem Vers von Giambattista Marino.

RAND UND GRENZE

Im Deutschen bedeutet das Wort »Grenze« sowohl Rand als auch Grenze. Die volkswirtschaftliche Schule, die das mikroökonomische Marginalprinzip anwendet, heißt »Grenznutzenschule«. Nach Jacob Grimm, einem der beiden großen Philologen der Romantik, die für ihre Märchensammlungen berühmt wurden, war die erste, ursprüngliche Bedeutung von Grenze jene, die das Ende eines privaten Grundbesitzes anzeigte. Im Altertum, so Johann Jakob Bachofen, einer der tiefsinnigsten Mythenforscher, wurde die Grenze des privaten Besitzes an Grund und Boden durch Grabsteine markiert, er endete an der Stelle, wo die Toten der eigenen Familie und der Sippe begraben waren. Trotzdem fällt es schwer, sich die Grenze als einen schweren Grabstein vorzustellen, man denkt eher an einen dünnen, fast nicht existenten Strich (der Rand einer Farbe am Himmel, der Saum des Lichts, der in der kabbalistischen Mystik auch der Saum der Finsternis ist, also nichts Materielles, Greifbares, er gehört weder zum Licht noch zur Finsternis).

Tatsächlich ist die Grenze ein Nicht-Ort, wie ein österreichischer Autor zu Anfang des zwanzigsten Jahrhunderts über Triest sagte und eine englische Schriftstellerin hundert Jahre später wiederholte. Triest ist, Marc Augé zufolge, ein physischer und ein geistiger Ort, ungeklärt und vorläufig, weil es, wie viele Grenzstädte, häufig die staatliche Zugehörigkeit wechselte. In einer berühmten Anekdote sagt der Bewohner einer mitteleuropäischen Stadt, er sei in vielen verschiedenen Ländern gewesen, ohne je zu verreisen, denn seine Stadt gehörte mal zum einen, mal zum anderen und dann wieder zu einem dritten dieser Länder.

Die Grenze kann mal beschützen, mal gefangen nehmen, sie verschließt sich in sich selbst oder dehnt sich aus, um sich das einzuverleiben, was außerhalb von ihr liegt. Bertrand Westphal, einer der wichtigsten Vertreter der sogenannten Geokritik, in der die Geographie zum Schlüssel für das Verständnis kultureller Phänomene wird, sagte in Bezug auf den *Limes* des römischen Reiches und Ovid, der an den äußersten Rand dieses Reiches verbannt wurde, dass Ovid von diesem Rand aus das Unbekannte erblickte, »das skythische Nichts«. Ovid tat dies jedoch in der imperialen Überzeugung, dass der römische *Limes* sich verschieben werde, um auch dieses Unbekannte einzuschließen.

Andererseits kann die Grenze auch geschlossen sein, eine verriegelte Tür für die Bewohner ihres Landes, auch wenn sie es nur für kurze Zeit verlassen möchten, wie im Fall des Eisernen Vorhangs und vieler anderer Grenzen totalitärer Staaten. Édouard Glissant erzählte eine Anekdote über die Chinesische Mauer – eine Grenze par excellence, ein breiter, starrer Rand –, in der ein General auf das Gebiet jenseits der

Mauer zeigt und zu seinen Soldaten sagt: »Dort ist die Welt, und ihr werdet nicht hingehen.« Der Rand kann ein Verbot sein, die Säulen des Herkules, über die nicht hinausgegangen werden darf, das Ende des Festlands, eine Schwelle, die zu überschreiten, um aufs Meer hinaus zu segeln, in der Antike als Frevel galt. So wurde Jason, der erste Seefahrer, mitunter als Gotteslästerer angesehen.

Jack Goody bemerkt, dass »jede menschliche Gruppierung ihre mehr oder weniger präzise umrissenen Territorien hat«, das heißt, sie hat Grenzen, die all jene von diesem Gebiet ausschließen, die nicht als legitime Mitglieder der Gruppe angesehen werden, und jede Missachtung der gezogenen Grenzen stellt eine Übertretung dar. Dennoch haben diese Grenzen veränderliche Größen, je nachdem, ob sie den Migrationsfluss von Menschen oder den Warenfluss kontrollieren sollen (obwohl das Schengener Abkommen Ersteren und das GATT-Abkommen Letzteren begünstigen) oder ob sie, im Gegenteil, darauf abzielen, durch die Beseitigung restriktiver Bestimmungen die grenzüberschreitenden Bewegungen von Waren (den Handel) und Personen (zum Beispiel den Tourismus) zu fördern, weil staatliche Einnahmen bekanntlich empfindlich auf Schwankungen dieser Bewegungen reagieren. Die erhöhte Durchlässigkeit von Grenzen, die wir heute erleben, obwohl der internationale Terrorismus und die Ausbreitung von Epidemien es nahelegen, die Kriterien für den erlaubten Zugang zu den betroffenen Ländern zu verschärfen, ist eine Folge schwindender Souveränität der Nationalstaaten zugunsten einer weltweiten *governance*. Deren legislative Entscheidungen auf so unterschiedlichen Feldern wie der Wirtschaft, Gesundheit oder Verteidigung sind bindend für die einzelnen Staaten, die sie unter dem Druck politischer oder finanzieller Sanktionen in ihre eigene Rechtsordnung aufnehmen müssen. Die wachsende Geschwindigkeit des Informationsaustauschs und der Fortbestand stark bürokratisierter Regierungen müssten eigentlich zur Verschärfung von Grenzkontrollen führen, meint Goody.

Was dennoch zu einer Neubewertung der Bedeutung von Grenze zwingt, ist die Tatsache, dass das ethnische Kriterium in der Unterscheidung zwischen Staaten sich überlebt hat und schon seit Jahrhunderten (man denke an die Kolonialreiche) durch die Kultur ersetzt wird, das heißt, durch einverständlich geteilte Prinzipien in der Bildung und beim Mediengebrauch, in der Politik und vor allem durch die gemeinsame Sprache. Grenzen werden durchlässiger, weil die Beziehungen zwischen Staaten sich mittlerweile auf kulturelle Nähe statt auf ethnische Verwandtschaft gründen. Man denke an die Bindungen zwischen Ländern mit der gleichen Sprache, die zur Schaffung von gemeinsamen Einflusssphären führen, wie beispielsweise den anglophonen oder frankophonen Raum, trotz starker ethnischer Ungleichgewichte zwischen diesen Ländern. Frankreich zum Beispiel hat eine viel engere Bindung zu Québec oder den Ländern des Maghreb – frankophonen, aber ethnisch sehr stark von Frankreich unterschiedenen Ländern – als zu Staaten wie zum Beispiel Italien, mit denen es die Ethnie teilt und sogar eine enge geographische Nachbarschaft hat, die kulturell und sprachlich als ferner empfunden werden.

Frankreich neigt unter diesem Blickwinkel eher dazu, die ideelle Grenze niederzureißen, die es von der Provinz Québec oder vom Maghreb trennt, als seine geographische Grenze zu Italien. Italien fehlt eine bedeutende koloniale Tradition, die den Export seines kulturellen und sprachlichen Erbes in andere Länder begünstigt hätte, darum sieht es sich in sprachlicher Hinsicht isoliert und von einer unermesslichen Grenze umgeben. Andererseits ist es kein Geheimnis, dass viele separatistische Bewegungen, zum Beispiel die baskische und katalonische in Spanien, ihre Existenzberechtigung auch mit ihrem besonderen sprachlichen Erbe begründen, das der Nationalsprache stolz entgegengesetzt wird, weil sie nach Meinung der Separatisten das Werkzeug darstellt, mit dem das Zentrum sich gegenüber dem Rand durchsetzt und sich den Rand einverleibt.

Trotz ihrer Bedeutung als Rand, der sie tendenziell unbedeutend macht, hat die Grenze eine wichtige Rolle im Lauf der Geschichte gespielt. Geschichte ist schließlich auch eine Abfolge von Kriegen, die geführt werden, um sich Grenzgebiete als Beute zu sichern. Man denke an die Kriege, in denen Frankreich und Preußen – später auch Deutschland – sich abwechselnd Elsass und Lothringen streitig machten und wegnahmen, oder an den Ersten Weltkrieg, den Italien, zumindest vorgeblich, für die Annexion zweier Grenzstädte mit italienischer Sprache und Kultur und ihrer damals unter österreich-ungarischer Herrschaft stehenden Provinzen kämpfte, nämlich Trient und Triest. Und der auslösende Funke für den Zweiten Weltkrieg war, obwohl ebenfalls ein Vorwand, Deutschlands Absicht, Danzig zu rächen, das heißt, die polnische Grenze zu verschieben. Wie Churchill mit ironischem Bezug auf das Pulverfass des Balkans sagte, Orte an der Grenze erzeugen oft mehr Geschichte, als sie konsumieren können, weshalb sie sich genötigt sehen, sie zu exportieren. Meist verwickeln sie dann auch das Zentrum im Namen der Grenze in langwierige Kriege mit dem unvermeidlichen Blutzoll, doch deren Gründe werden von denen, die im Zentrum leben und die Realitäten an der Landesgrenze nicht kennen, kaum verstanden.

Abgesehen von diesen, mit sprachlich-kultureller Nachbarschaft oder Ferne zusammenhängenden Aspekten der Grenze, Themen, die schon oft gründlich analysiert und auch in literarischer Form vielfach verarbeitet wurden, gibt es einige andere Aspekte, die eine nähere Betrachtung lohnen. Das Gefühl der Marginalität zum Beispiel, das Bewohner der Grenze erfahren, kann sich in zwei entgegengesetzten Reaktionen äußern. Einerseits kann das Wissen um die eigene Randlage, das Ausgeschlossensein vom Fluss der Geschichte und des Lebens, der im Zentrum verläuft und vom Zentrum genährt wird, ein Minderwertigkeitsgefühl auslösen. Andererseits kann sie ein – manchmal regressiv ins Extrem getriebenes – Bewusstsein von der eigenen, unverwechselbar besonderen Identität erzeugen, die sich der gleichförmigen und gleichmachenden Kultur des Zentrums widersetzt. Dennoch muss der Grenzbewohner, ohne die affektive Bindung an die eigene geistige Landschaft zu verleugnen, auch ins Zentrum blicken, es kennenlernen und entziffern können, und sei es auch nur oberflächlich, aus seiner Perspektive im Abseits, um zu vermeiden, dass er politisch, wirtschaftlich und kulturell an den Rand gedrängt wird. Die Peripherie, die sich nicht mit einer geographischen und kulturellen Isolation begnügen will, darf die politischen, gesellschaftlichen und kulturellen Anregungen nicht ignorieren, die das Zentrum beleben und wie in alle Richtungen fallende Sonnenstrahlen wohl oder übel auch die Peripherie erhellen, wie abgeschwächt auch immer sie dort ankommen mögen.

Wenn der Bewohner der Peripherie sich teilweise auch das Zentrum aneignet, indem er seine Kultur, Geschichte und Traditionen kennenlernt, erfährt seine Randexistenz eine außergewöhnliche kulturelle Bereicherung, die zu seiner besonderen Identität hinzukommt, ohne diese zwangsläufig zu schwächen, zu verunreinigen oder in einem unpersönlichen kulturellen Allerlei verschwinden zu lassen. Fällt das Leben an der Grenze (vor allem bei Angehörigen einer Minderheit) mit kultureller und sprachlicher Vermischung zusammen, ermöglicht es meist eine stimulierende Vertrautheit mit zwei unterschiedlichen Kulturen und Sprachen. Verglichen mit denen, die das Zentrum bewohnen und die Peripherie nicht kennen, also Gefangene ihrer typisch monokulturellen Vorurteile bleiben, bedeutet diese Vertrautheit für den Grenzbewohner eine große kognitive Bereicherung. Am Rand zu leben erlaubt also – mal in harmonischer, mal in konfliktreicher Form – eine doppelte Identität und einen kulturellen Dualismus, die nicht nur intellektuelle Vorteile verschaffen, zum Beispiel größere geistige Offenheit, es hat auch positive wirtschaftliche Konsequenzen, wie erhöhte Chancen auf eine bessere Arbeit, dank der Kenntnis mehrerer Sprachen: die lokale Sprache der Minderheit, der man angehört, und die mit dem Rest des Landes geteilte Nationalsprache.

Manchmal kennt man ein Land besser und liebt es umso mehr, wenn man es aus einer entfernten Perspektive erforscht, so wie ein Gemälde eine gewisse Distanz des Betrachters erfordert, um erschöpfend bewundert zu werden.

Vom engen, unzugänglichen Winkel an der Grenze aus lässt sich das Zentrum vermutlich leichter erfassen, verstehen und sogar lieben, als vom Inneren des Zentrums. Der Reiz des Zentrums kann für den, der im Abseits, am Rand lebt, allerdings auch so stark sein, dass er den im Zentrum vorherrschenden und oft von ihm ausgehenden Moden nacheifert. Dieses Verhalten entspricht dem Verleugnen der eigenen randständigen Identität und betont das Minderwertigkeitsgefühl gegenüber dem Zentrum, in das man sich vergeblich zu integrieren versucht.

Manchmal drängt sich das Zentrum der Peripherie auf, indem es die eigenen kulturellen Vorbilder und Standards dorthin exportiert – durch den Schulunterricht, die Massenmedien oder sogar durch Zwang –, die dann heftig in Konflikt mit den lokalen Traditionen geraten können. Wenn die beiden Kulturen sich dagegen vermischen, entsteht eine fruchtbare Synthese, die der Grenze eine noch komplexere, unverwechselbare Besonderheit verleiht, während das Zentrum, überzeugt, dass die Ränder des Landes eine Wirklichkeit von zweitrangiger Bedeutung darstellen, keine Notwendigkeit sieht, von außen kommende Anregungen aufzunehmen, und sich in seinen kulturellen Mustern verhärtet, die dann fast undurchlässig werden gegenüber Einflüssen aus der Peripherie. Hinzu kommt, dass auch die politischen, kulturellen und Bildungsinstitutionen die Kenntnis lokaler Kulturen nicht immer fördern, was zu weiteren Asymmetrien zwischen den Bewohnern der Peripherie (die gezwungen sind, das Zentrum zu kennen) und den Menschen im Zentrum führt, weil diese nicht dazu angeregt werden, die Randgebiete ihres eigenen Landes kennenzulernen.

In Triest zum Beispiel, wegen seiner komplizierten Geschichte und seiner von erbitterten ethnischen, sozialen und sprachlichen Konflikten gezeichneten Wirklichkeit die Grenzstadt schlechthin, erlebt man eine Reihe sprachlich-kultureller Aufsplitterungen. Das beginnt bei dem Konflikt zwischen der Mehrheit italienischer Muttersprachler (die freilich in ihrem venetischen, im Alltag vorwiegend gesprochenen Dialekt fest verwurzelt sind) und der slowenischen Minderheit, um in abgeschwächter Form auch die anderen ethnisch-sprachlichen Gruppierungen (serbisch, kroatisch, griechisch und deutsch) der Triester Bürger einzubeziehen, die vielleicht weniger zur Durchsetzung von Identitätsansprüchen neigen. Die Konfrontation zwischen Italienern und Slowenen, die manchmal erbittert und nicht immer nur mit Worten gewalttätig ausgetragen wird, hat schon immer eine typische Dialektik zwischen Zentrum und Rand genährt. Wie Giampaolo Veldevit in seinem Essay »Trieste. Storia di una periferia insicura« (Triest. Geschichte einer unsicheren Peripherie) ausführt, versuchte der italienische Nationalismus eine Identität zu finden, indem er krampfhaft nach einem Bezugspunkt suchte, der dem Kampf um die Zugehörigkeit Triests zu Italien, ja, um das Überleben des kulturellen und politischen Gepräges der Stadt eine epische Grundlage verleihen konnte. Dieser Bezug wurde im Staat, also im Zentrum erkannt. Tatsächlich hängt das Schicksal einer Peripherie, eines Randes besonders von seiner Beziehung zum Zentrum ab und vom Gefühl der Sicherheit, des Schutzes, den das Zentrum anbieten kann, wobei dieser Schutz sich wie eine Entschädigung für den darstellt, der gekämpft hat, um seine feste Bindung ans Vaterland aufrechtzuerhalten.

Die in Triest seit jeher beheimatete slowenische Minderheit hat trotz der Gewalt, die sie in der Vergangenheit erfuhr, ihre sprachliche und kulturelle Eigenart bewahrt, ohne die italienische Welt zu ignorieren, deren Sprache die Triester Slowenen perfekt beherrschen. Obwohl die Slowenen von einem Teil der italienischen Bevölkerung mitunter als ein Fremdkörper in der Bürgerschaft der Stadt wahrgenommen werden – und früher sogar als Feind, ein übrigens wechselseitiges Gefühl –, sind sie doch integraler Bestandteil des lokalen kulturellen Erbes, das sie durch ihre Kultur und Sprache ergänzen und bereichern. Der Triestiner, welcher der slowenischen Gemeinde ihre wichtige Rolle als kultureller und sprachlicher Vermittlerin aberkennt, wie es vor allem in der Vergangenheit häufig geschah, und sich unter dem Vorwand des geringen Nutzens womöglich weigert, auch nur Grundzüge des Slowenischen zu erlernen, begibt sich unwissentlich in eine untergeordnete Position, weil er den Mitgliedern der slowenischen Gemeinde damit das Monopol überträgt, die unterschiedlichen Identitäten der Triester Stadtbürger zu repräsentieren. Die Unkenntnis des Slowenischen, ursprünglich Resultat des diskriminierenden Verhaltens mancher Italiener, die die Bedeutung der Beherrschung dieser Sprache unterbewerteten, lässt sich nur damit erklären, dass ihnen nicht bewusst war, welch eine kulturelle Bereicherung diese Sprache darstellen kann. Auch Faulheit spielt hier eine Rolle und die irreführende pragmatische Überlegung, dass die Slowenen ja gut Italienisch können, es also nicht nötig ist, Slowenisch zu lernen, um mit ihnen zu kommunizieren, während das Studium anderer, weltweit verbreiteter Sprachen nützlicher ist.

Abgesehen vom historischen Erbe mit seinen erbitterten, langandauernden Konflikten und tatsächlicher, inakzeptabler Unterdrückung, die zu gewalttätigen Auseinandersetzungen im Namen des jeweiligen Nationalismus führten – auch der slowenische war gewiss nicht frei von Sektierertum und Gewalt, ja, er neigte dazu, seine Segregation absichtlich zu verlängern, sie also zu einer Art Autosegregation zu machen –, erlebt man seit längerem eine deutliche Asymmetrie zwischen den beiden Bevölkerungsgruppen. Die Slowenen beherrschen das Italienische, die meisten Italiener können kein Slowenisch, mit dem Ergebnis, dass die Italiener den Slowenen, dem vermeintlichen Rand des Randes, unwillentlich das Privileg übertragen, das Zentrum zu besetzen, allerdings in der untergeordneten Dimension des Verhältnisses zwischen einer Stadt und dem ganzen Land. In Triest, wie auch in anderen Städten mit analogen Spannungen, besetzt also die scheinbar am Rand stehende Bevölkerungsgruppe das Zentrum, weil sie die Synthese der unterschiedlichen Seelen der Stadt bildet.

Ohne sich mit nur allzu banalen – nichtsdestoweniger notwendigen – Aufrufen zu Versöhnung und zum gegenseitigen Respekt zu begnügen oder übertriebene Schutzmaßnahmen zu fordern, die zu positiver Diskriminierung und ungerechtfertigten Privilegien führen können, was wiederum die Gefahr birgt, alte Ressentiments zu wecken, bleibt Triest als Grenzstadt emblematisch. Hier bilden sich vielfältige, komplexe Gefühle der Identität und Zugehörigkeit heraus, die dann auch einzigartige politische Ausdrucksformen gefunden haben und zu Parteienbildungen führten, die das Zentrum dem Rand entgegensetzen. So entsteht eine Folge

43

immer neuer Zentren mit zunehmend kleinerem Radius, die sich dann wiederum in ebenso viele Ränder aufsplittern. Es ist ein Prozess sukzessiver Parzellierungen des sozialen Gefüges der Einwohnerschaft in immer kleinere Gemeinschaften. In den letzten Jahren wurden die Spannungen der Vergangenheit überwunden; trotz stets noch drohender Rückschläge ist das kulturelle Klima der Stadt zunehmend von einer gemeinschaftlichen Atmosphäre geprägt, die die komplexe Dialektik zwischen Zentrum und Rand oder besser zwischen Zentren und Rändern tendenziell abschwächt.

Was die anderen, zahlenmäßig weit unbedeutenderen ethnisch-sprachlichen Komponenten der Bürgerschaft betrifft, so sind ihre Forderungen nach politischer Interessenvertretung viel weniger drängend, entsprechend dem Gesetz, das diese Forderungen unmittelbar proportional zur Größe der Gemeinden sieht. Vielleicht sind diese kleineren Gemeinden in Triest der echte Rand oder die Ränder der Stadt, obwohl ihre keineswegs angespannte Beziehung zum Zentrum (sie war es nie) ihre Entgegensetzung zu einem Zentrum, mithin auch ihren Charakter als Rand stark abschwächt. Denn ein Rand ist nur das, was sich, mitunter kämpferisch, auf jeden Fall immer in problematischer Weise einem Zentrum entgegensetzt.

Die heutige Welt ist ein Pulverfass, ein schwelender Herd teilweise entsetzlich blutiger Konflikte, die in den unterschiedlichsten Gegenden der Welt ausbrechen. Vor allem, so scheint es, in Grenzgebieten, zwischen Völkern, Kulturen und Religionen, die sich, anstatt einander zu bereichern, zerfleischen und zerreißen und so zu immer kleineren Bruchstücken zerfallen, deren jedes sich zum Zentrum ernennt und keinen Rand duldet, ja, seine Ränder vernichtet. Eine immer wütendere Vielfalt, in der es weder Zentrum noch Rand mehr gibt, weil jede Identität sich selbst als Zentrum geriert. Eine blutige gegenseitige Aufhebung, in der niemand unschuldig ist, weder jene, die in der Vergangenheit gewisse Voraussetzungen für diese Zerstörungen schufen, noch jene, die diesen schleichenden vierten Weltkrieg von weitem beobachten und ausbeuten.

GRENZE UND FREIHEIT

Eines der berühmtesten Gedichte von Umberto Saba, »Trieste«, endet im Gedenken an einen »Winkel, für mich geschaffen / für mein nachdenkliches, scheues Leben«. Saba will sicher keinen Gegensatz zwischen einem zurückgezogenen, bescheidenen Leben und den Scheinwerfern der Glorie konstruieren, deren blendendes Licht »fünfzehn Minuten Ruhm« schenkt, wie Andy Warhol ironisch bemerkte, und ebenso wenig liebäugelt er mit einer ergebenen, vor den Leidenschaften und ihren Stürmen geschützten Seelenruhe. Wenn es einen Dichter gibt, der das »heiße Leben« mit seiner Unordnung und Intensität, seiner diesseits wie jenseits von Gut und Böse unaufhörlich glühenden »uralten Sehnsucht« besungen – und zuvor erlebt – hat, dann ist es Saba. In diesem abgelegenen Winkel an den Rändern der Welt und ihren Lüsten, wie es in der Taufformel heißt, sucht er die Freiheit, die anspruchslose, aber auch ungezähmte, unbeugsame Freiheit des Individuums, die anarchische Unabhängigkeit von der Pflicht, im Chor mitzusingen, im Gleichschritt mit den vorherrschenden

Tendenzen, mit gesellschaftlichen und kulturellen Zwängen zu marschieren, die Unabhängigkeit von der Pflicht, direkten und indirekten Befehlen institutioneller oder verborgener Macht zu gehorchen, sich Verhaltensformen und Überzeugungen zu unterwerfen, die ihm von Vorbildern im übermächtigen Zentrum seiner Lebenswirklichkeit aufgezwungen werden. Einem Zentrum, das immer homogener und einförmiger wird und sich gleichzeitig immer weiter ausdehnt, um Verschiedenheiten zu integrieren und somit zu beseitigen.

Im Spiel um die Eroberung, die Ausweitung und den Schutz der konkreten Freiheiten des Individuums sind Zentrum und Peripherie heute mehr denn je Kontrahenten, vermischen sich und tauschen mitunter sogar die Rollen. Natürlich können Ausgrenzung und Marginalisierung bedeuten, dass das Individuum weniger Möglichkeiten hat, seine Persönlichkeit zu entfalten, also auch weniger Freiheiten besitzt. Doch zu Recht sieht der amerikanische Soziologe David Riesman in der Randexistenz, im »zweitrangig sein«, eine Garantie für Individualismus und Nonkonformismus, die heute angesichts des offenkundigen Niveauverfalls der öffentlichen Diskussion und ihrer vorherrschenden Themen kostbarer sind als je zuvor. Diese Diskussion bezieht tendenziell immer breitere Schichten der Bevölkerung ein, was verglichen mit der Zeit, als das Recht auf freie Rede der gesellschaftlichen Elite vorbehalten war, einen großen Fortschritt darstellt. Wenn ein Recht sich aber in einen Zwang verwandelt, eine alles beherrschende Aktivität, die keine Atem- und Denkpausen mehr gestattet, dann nimmt die Freiheit selbst Schaden, wird entwürdigt und durch die fortschreitende Vereinheitlichung, die Tilgung von Unterschieden missbraucht.

Statt politische, ideologische, philosophische und kulturelle Fragen zu behandeln oder auch leichtere, angenehmere Themen, die zwar weniger anspruchsvoll, mitunter aber prägender für die Ausbildung der Persönlichkeit sind, verletzt die öffentliche Diskussion immer häufiger die Gesetze der Gesprächskultur, die dem Barock lieb und teuer war, und missachtet die goldene Regel des gegenseitigen Zuhörens. Die dialektische Auseinandersetzung weicht dem chaotischen Geschwätz, dem unbezwinglichen Drang, auf allen Gebieten seine Meinung zu sagen; es ist ein Wettrennen, bei dem es darum geht, ein angebliches Zentrum zu besetzen und sich in diesem Zentrum – das trotz der scheinbaren Vehemenz der Auseinandersetzung immer einförmiger wird, weil sich die Themen und Argumente der Diskussionen zunehmend gleichen – alle Stimmen, alle Tendenzen und Bedürfnisse, alle Eigenheiten einzuverleiben, sie in einem gleichgültigen Meer aus Meinungen und Ansichten zu ertränken, wo sie vielleicht zunächst hervorgehoben und einander gegenübergestellt, dann aber umso gründlicher zu einem einzigen Cocktail verrührt werden.

Wenn das die Partizipation der Bürger, mithin die Demokratie fördert, so läuft dieser Fortschritt jedoch auch Gefahr, von der faktischen Beseitigung der Unterschiede und dem Diktat eines einzigen Musters unwirksam gemacht zu werden. Denn dieses Muster besteht nur scheinbar aus einer Vielfalt von Wahlmöglichkeiten, zumal sie zu einer Tagesordnung vermengt sind, die sich zwar pluralistisch gibt, im Gegensatz zur echten Demokratie aber all das ausschließt, was nicht in ihren Kanon und eine vermeintliche Aktualität passt. In hohem Maß trägt dazu das fieberhafte, wie eine zwingende Notwendigkeit erlebte Bedürfnis bei, sich im Zentrum zu platzieren, im Mittelpunkt der Aufmerksamkeit und der Themen, die an der Tagesordnung sind. Hinzu kommt die Verpflichtung, die ungeschriebenen Verhaltensnormen zu respektieren, die unterwürfigen Aktionismus, dauererregte Präsenz fordern und so die bange Sorge nähren, unbedingt immer zur rechten Zeit am rechten Ort sein zu müssen. Auch soll man stets die gleichen Zeitungen lesen, die zwar unterschiedliche ideologische Ausrichtungen haben können, sich aber im Ton und im Themenspektrum ähneln; man soll über das diskutieren, worüber alle diskutieren, auf Kosten anderer Themen, die womöglich größere Anteilnahme wecken. Diese wird jedoch sofort verdrängt, um sich dem offiziellen Programm anzupassen. Was gelesen wird, gehorcht keinem individuellen Bedürfnis mehr, sondern einem despotischen Angebot; man muss bestimmte Bücher lesen, auch wenn sie den eigenen Vorlieben nicht entsprechen. Im Zentrum ist für alles Platz, für Pornographie wie für Familienserien, die somit letztlich austauschbar werden.

Warum bist du nicht bei Facebook? Die erstaunte Frage, in der Missbilligung anklingt, ignoriert die einfache Tatsache, dass es einen Grund geben muss – geben müsste –, um etwas zu tun, nicht, um es nicht zu tun. Warum muss es eine soziale Verpflichtung sein, der man sich nur um den Preis einer gewissen Ächtung entziehen kann, Freunde und Unbekannte darüber auf dem Laufenden zu halten, was wir gerade tun, in welcher Stimmung wir sind, mit welcher Soße wir unser

Mittagessen würzen, als wären die zufälligen, kleinen Erlebnisse unseres kleinen Ichs das Zentrum der Welt? In dieses Zentrum ergießen sie sich dann auch tatsächlich, wo sie zu einem homogenen Brei zentrifugiert werden. Das Teilen von Erfahrungen, wie es von den sozialen Netzwerken gefördert wird, kann so wahllos und ziellos ablaufen, ohne sich an bestimmte Adressaten zu richten, dass es zur Respektlosigkeit führt und die Beziehungen, die uns mit anderen Menschen verbinden, in ihr Gegenteil verkehrt. Denn es macht jeden Nutzer zu einem gleichgültigen Tropfen im Meer einer Menschheit, in welcher der Einzelne mit dem Ganzen verschmilzt, folglich in einen Zustand totaler Anonymität zurückversetzt wird. Der implizite Befehl in der Frage nach der Facebook-Mitgliedschaft ergeht ausnahmslos an alle, was in einer Bemerkung von Facebook-Gründer Mark Zuckerberg auf dem Mobile World Congress in Barcelona zum Ausdruck kommt: »Die Frage ist berechtigt, wenn jemand nicht vernetzt ist« – also unbedingt zum Nutzer von Facebook und WhatsApp gemacht werden muss. Federico Cella schreibt: »In Jeans und T-Shirt, seiner Dienstuniform, gibt der junge Mensch des sozialen Netzwerks unter energischem Einsatz seiner Redegewandtheit zu verstehen, dass das eigentliche Ziel jener Teil der Bevölkerung ist, der noch nie vernetzt war.« Das Angebot der Werbung wird fast zu einem militärischen Befehl, mindestens zu einem moralischen Tadel.

Die Kultur, sagt Mario Vargas Llosa in seiner Aufsatzsammlung »Alles Boulevard: Wer seine Kultur verliert, verliert sich selbst«, verrät sich nicht nur selbst, wenn sie bloße Unterhaltung wird, noch gravierender ist ihr Niedergang, wenn sie erzwungene Unterhaltung wird, wie – freilich in völlig anderen, gegensätzlichen Formen – die Kultur in den Volksdemokratien sowjetischer Prägung, den Götzendienern des Zentrums, eines omnipotenten Zentrums, das die Peripherie und ihre Vielfalt unterdrückt.

Dieses Zentrum ist totalitär, wer versucht, seiner essenziellen Einförmigkeit zu entfliehen, verlässt das große Theater des Lebens durch den Dienstbotenausgang und gerät auf einen Weg, der hinter die Bühne führt, wo sich ein nicht klar umrissener Rand verbirgt. Das unveräußerliche Recht auf freie Meinungsäußerung wird damit entstellt, es nimmt die Züge einer sozialen Verpflichtung an, deren strenge Spielregeln zu aufreibender, ständiger Anpassung zwingen, denn der Regelübertritt wird mit dem Ausschluss aus dem komplexen Netz menschlicher Beziehungen bestraft und führt in die Marginalisierung und Anonymität.

Doch die Ausgrenzung aus dem Zentrum kann paradoxerweise größere Freiheit bedeuten, eine »Rückkehr zu uns selbst«, wie Moni Ovadia schreibt. Im Abseits zu stehen – am Rand eines Ereignisses, einer Diskussion, eines politischen oder kulturellen Prozesses, der vorherrschenden Tendenzen auf den verschiedensten Gebieten – kann auch ein Quell individueller Freiheit sein. Wer sich bewusst an den Rand stellt, erlangt nicht zufällig die Freiheit zurück, den Mainstream zu meiden. Es ist ein Recht – nicht nur ein Zwang – zu schweigen, nicht teilzunehmen, sich nicht der (kulturellen, politischen usw.) Tagesordnung anzupassen, nicht notgedrungen dem Gang der Gesellschaft zu folgen, der zuweilen aus fragwürdigen Gründen mit dem der Geschichte identifiziert wird: Es ist der Anspruch auf eine anarchische, ungebundene Freiheit.

Tatsächlich bestätigt die Allgemeine Erklärung der Menschenrechte im Absatz 1, Artikel 20 das Recht aller Menschen, sich zu Vereinigungen und Versammlungen zusammenzuschließen, erklärt aber im Absatz 2 desselben Artikels, dass niemand gezwungen werden darf, einer solchen anzugehören. Dieser Artikel verdankt sich wahrscheinlich der Einsicht, dass totalitäre Regime in der Vergangenheit die Mitgliedschaft in Organisationen einerseits erzwangen und andererseits verboten, je nachdem, ob diese sich ihrer Willkürherrschaft anpassten oder sie bekämpften. Die weichen Totalitarismen der Gegenwart müssen demgegenüber danach streben, sich alle Bürger einzuverleiben, statt sie auszuschließen. Feinde brauchen nicht mehr ausgegrenzt zu werden, es darf schlichtweg keine mehr geben, alle müssen zu Freunden gemacht werden und damit zu einer breiigen Masse zusammenfließen, die die Gesellschaft infiziert wie Metastasen den Körper, in dem sie sich überall ausbreiten. Absatz 2 des Artikels 20 ist heute der wichtigere, wenn die Freiheit des Individuums, also im umfassenderen Sinn die Demokratie geschützt werden soll. Rand und Zentrum können demnach voneinander profitieren und so eine Dynamik in Gang setzen, die Auswege aus der allgegenwärtigen zwanghaften Vereinheitlichung weist. Am Rand lässt sich eine Form individueller, persönlicher Freiheit erfahren, die das Individuum dazu bewegen kann, sich seine Subjektivität zurückzuerobern, einschließlich des Rechts zu schweigen.

Die Literatur zeigte oft ein leidenschaftliches Interesse an der Marginalität ihrer Helden, und sie hat uns unvergessliche Porträts dieser Figuren geschenkt. In älteren Texten überwiegt der Held, der die Ganzheit des sozialen Gefüges repräsentiert, der Held im Mittelpunkt der Welt, die sich in ihm, ihrem Anführer, wiedererkennt; in der modernen und zeitgenössischen Literatur dagegen wuchs die Vorliebe für Figuren, die nicht in die Welt und die Gesellschaft integriert sind, die ungewollt, doch vielleicht sogar öfter willentlich eine Randexistenz führen. Zuweilen mag es scheinen, als bestünde die wichtigste Aufgabe der Literatur darin, vom Rand in all seinen Facetten und Varianten zu erzählen, einem Rand als extreme Lebenslage des Individuums, das sich verfestigten Regeln und Hierarchien und seiner Rolle als soziales Wesen entzieht. Sich an den Rand zu stellen, dort zu leben, bildet auch – wenn es nicht erzwungen wird – eine Form des Widerstands. Dahinter steckt die Absicht, sich aus den engen Maschen der Uniformierung zu befreien, die dazu nötigt, um ein ebenso vorgebliches wie konventionelles Zentrum zu kreisen.

An Beispielen, auch literarisch großartigen Beispielen, fehlt es nicht. Man denke nur an den Verweigerungsimpuls von Bartleby, Melvilles unsterblichem Helden, der auf alle Befehle, alle Bitten leise, aber entschieden antwortet: »Ich möchte lieber nicht«, was ihn aber nicht daran hindert, pedantisch seine Pflicht zu tun. Eine radikale Entscheidung für die Freiheit in der absoluten Ausgrenzung trifft Wakefield, der in der Erzählung von Nathaniel Hawthorne ohne Grund sein Haus, seine Frau und seine gesellschaftliche Stellung verlässt, um jahrelang in einer Nachbarstraße zu leben, unbekannt und von allen für tot gehalten. In dieser konkreten und zugleich symbolischen Marginalität führt er ein anonymes, völlig ereignisloses Dasein, und hinter seiner Abwesenheit scheint sich eine tiefe, ungreifbare Bedeutung zu verbergen, die auf jeden Fall ganz allein ihm gehört.

Auch Mattia Pascal glaubt, das wahre Leben in der Verborgenheit zu finden, als jemand, der in den Augen der Welt gestorben ist, also an jenem äußersten Rand steht, den der Tod, das schlechthin Dezentralisierte, gesellschaftlich und psychologisch darstellt. Wir erinnern an weitere, sich selbst ausgrenzende Figuren, von Simenons Held Kees Popinga bis zu Señor Kreck, der Titelfigur des jüngsten Romans von Juan Octavio Prenz, dem argentinischen Autor istrisch-kroatischer Herkunft, der zurückgezogen in Buenos Aires und Triest lebt. Señor Kreck flieht in der brutalen Atmosphäre der argentinischen Militärdiktatur vor der Gewalt der Geschichte und der Undurchdringlichkeit des alltäglichen Konformismus, um sich in einem inneren und äußeren Raum der Absonderung und Marginalität eine andere, heimliche Identität zu erschaffen.

Die Figuren in Raymond Carvers grandiosen Erzählungen sind Menschen ohne Geschichte, zum Scheitern geboren, das ihren Genen eingeschrieben scheint und sie zu vorbestimmten Opfern des reißenden Flusses der Ereignisse macht. Sie sind nicht mehr als Leerstellen, können nicht verstehen, welche Bedeutung das Schicksal hat, das ihnen in der Welt zugefallen ist. Diese mit wenigen kraftvollen Federstrichen gezeichneten Figuren erhalten ihr narratives Gewicht wesentlich, vielleicht sogar einzig durch ihren Status als Ausgegrenzte und bleiben dennoch flüchtige Komparsen, die mit der letzten Seite der Erzählung von ihren unbedeutenden Existenzen verschwinden müssen.

Es ist die mitteleuropäische Literatur, die diese ebenso

selbstzerstörerische wie das Selbst verteidigende Zuflucht am Rand, in bewusst gewählter Ausgrenzung, besonders intensiv empfunden und beschrieben hat. Wenn die Randexistenz Scheitern bedeutet, dann sorgen viele dieser Figuren selbst für ein Schicksal, das sie von jeglicher Macht, von jedem Zentrum ausschließt, ihnen aber die größtmögliche, an völlige Bedeutungslosigkeit grenzende Freiheit sichert. Grillparzers armer Spielmann bewirkt in der gleichnamigen Erzählung das Scheitern seiner Liebe zur Musik und zu einer Frau, ein Scheitern, das ihn befreit: von der quälenden Suche nach dem Glück, von der Pflicht, glücklich zu werden, also auch von der leidvollen Enttäuschung und vom Schuldgefühl wegen des versäumten Glücks. Der vorweggenommene Verzicht schützt ihn vor dem Schmerz der Niederlage, diese ist erwartet und daher frei von der Enttäuschung über den fehlgeschlagenen Versuch, im Zentrum des Lebens zu stehen. Auch in diesem Fall ist die innere gleichzeitig eine konkrete Marginalität – zum Beispiel das bescheidene Zimmer in einem Mietshaus, das der arme Spielmann mit zwei Arbeitern teilt, indem er auf dem Fußboden einen Kreidestrich zieht, der ihren Raum von dem seinen abtrennt. Dieser Raum ist umso mehr seiner, als der Spielmann sich selbst mithilfe jenes kleinen Ortes an den Grenzen des lärmenden, mitreißenden Lebens von Wien tarnt.

Ausgrenzung beherrscht auch Kafkas Horizont, der von sich sagt, er befinde sich »außerhalb des Territoriums der Liebe« – also sogar jenseits der Grenze des Gebiets, in dem das Lebensglück erlebt wird. Er setzt Ausgrenzung mit einer euphorisch erlebten Freiheit gleich, bei der man »die Freuden des Deklassiertseins« genießt. Ein ihm verwandter Autor, Robert Walser, versteckt sich in der unpersönlichen Uniform des Gehilfen und Soldaten, will am Rand von Geschichte und Gesellschaft »in den unteren Regionen« leben, sich nicht in Bezug auf die ihn umgebende Welt bilden, sondern »ein Nichts« sein und darin seine Freiheit finden.

Svevo, der – liebenswürdiger – nur andeutet, dessen Romane aber gerade darum verstörend abgründig sind, verwandelt die Untauglichkeit in eine Waffe gegen die Härten des Lebens. Der Untaugliche, wie der Titel von Svevos erstem Roman lauten sollte, steht per definitionem am Rand der Gesellschaft, erhält jedoch gerade dadurch einen fast autorisierten, also in gewisser Weise geschützten Status, der Raum für Phantasie, für echte Individualität lässt. Wie wiederholt bemerkt wurde, gipfelt diese befreiende Untauglichkeit für Svevo im Alter, in dem man ein »wildes« Leben führen darf, weil es mit all seinen Unzulänglichkeiten und Mängeln, auch den moralischen, von vorneherein gerechtfertigt ist – eine ironische, ja zynische Haltung. Das Alter ähnelt dem Schreiben: Beide spielen mit der Schrecklichkeit des Lebens und treiben ihren Scherz mit der moralischen und gesellschaftlichen Heuchelei, die diese Schrecklichkeit verschleiert. Sie selbst halten sich aus dem Spiel heraus, stehen außerhalb jedes Zentrums, können es also besser beobachten und verstehen als die Spieler, die in seinen Mechanismus, in seine Regeln eingebunden sind. Die Ausgrenzung, die das Alter trifft, bietet ihm die höchste Freiheit. In Svevos Werk sind es nicht zufällig oft die Alten, die schreiben. Ihre eigene Marginalität deckt sich mit jener, von der sie erzählen, und sie erzählen mit einer Freiheit, die ihnen erlaubt, dem Medusenhaupt des Lebens ohne Heuchelei ins Gesicht zu sehen und das Leben doch weiterhin zu lieben.

Es gibt aber auch Autoren, die ihre geliebten Randfiguren mit ganz anderen Eigenschaften ausgestattet haben: Man denke nur an die verwahrlosten, verzweifelten, kriminellen und (oft bis zur exzessiven Selbstgefälligkeit) nihilistischen Gestalten von Charles Bukowskis »Schlechten Verlierern«, wo die Freiheit in der Ausschweifung und in der Gosse gesucht wird, in allem, was dem Zentrum nicht nur fremd gegenübersteht, sondern sich mit einer zynischen, tragikomischen Glorifizierung der eigenen Verworfenheit als sein Feind und Verächter inszeniert. Manchmal – auch bei Bukowski – scheint die Figur fast mit ihrem Autor zu verschmelzen, dann wird das Lob der vagabundierenden, asozialen Randexistenz zwar von Phantasiefiguren verkörpert, fügt sich aber in einen autobiographischen Rahmen, in das randständige Vagabundenleben von Autoren wie Kerouac, Ginsberg, Burroughs, Corso und Ferlinghetti, in ihre epischen Reisen ohne Ziel durch die menschenleeren, öden Ebenen der unendlichen amerikanischen Provinz, wo sie ihre Ablehnung der Zwänge und rigiden Moralvorstellungen der Gesellschaft radikal auszuleben versuchen. Wie unterschiedlich auch immer das bei den verschiedenen Autoren gestaltet ist, die sich alle durch eine markante Persönlichkeit auszeichnen – diese Flucht aus dem Mainstream an einen äußersten Rand des Lebens, bis zur Zerstörung des eigenen Körpers durch Alkohol oder Drogen, beschreibt eine stolze Auflehnung des Randes gegen das globale Zentrum der Normalität. Gegen die total verwaltete Welt, hätte Adorno gesagt.

Die folgenschwerste Ausgrenzung und Selbstausgrenzung, auch sie Thema vieler bedeutender Werke, ist wohl die des Mörders, des Menschen, der sich mit einem völlig sinnlosen Verbrechen von der Welt ausschließt. Man denke an André Gides »*acte gratuit*«, die willkürliche Tat, an Raskolnikow in »Verbrechen und Strafe«, an Meursault in Camus' »Der Fremde« oder an Juan Pablo Castel in Ernesto Sábatos »Der Tunnel«: Figuren, denen jede Soziabilität schlechterdings fremd ist, die sich ihre Subjektivität in den abnormsten, deviantesten Formen zurückerobern wollen. Doch das Verbrechen und auch der ideologisch bemäntelte Terrorismus haben nichts mit dem Rand zu tun, im Gegenteil, sie sind Durchstoßung, Zerstörung des Randes, umfassende Ablehnung des Zentrums, also auch seiner Ränder. Sie wollen das Zentrum vernichten oder es unumschränkt in Besitz nehmen, wodurch sie jede Dialektik zwischen Zentrum und Peripherie aufheben.

Die Weltflucht aus Anmaßung, die provokant betonte Selbstmarginalisierung entziehen dem Rand überdies seine Merkmale der Vergessenheit und Bedeutungslosigkeit. Wenige literarische Figuren sind so bekannt und populär wie die liederlichen, regellosen Helden der Autoren der Beat-Generation. Eines ungeheuren Ruhms erfreuen sich übrigens auch diese Autoren selbst, er verdankt sich vor allem ihrer verächtlichen Ablehnung des Systems, die häufig zur Popularität von Schriftstellern beiträgt, weil sie mit ihren Figuren nahezu identifiziert werden. Man könnte vielleicht sagen, dass das Zentrum sich in diesen Fällen radikaler Opposition den Rand wieder aneignet, ihn als wesentlichen Bestandteil seiner heterogenen Realität integriert. Denn sie braucht auch Komponenten, die sie durch kritische Positionen vervollständigen.

Anders im Stil, doch vielleicht nicht in der Substanz, ist die von sehr erfolgreichen Autoren, wie zum Beispiel J. D. Salinger, gewählte Marginalität. Nachdem er seine von Publikum und Kritik begeistert aufgenommenen, meisterhaften Jugendwerke veröffentlicht hatte, verschwand er physisch aus dem Literaturbetrieb, indem er sich in die totale Anonymität flüchtete, untertauchte in völlige Verborgenheit, was die Journalisten anstachelte, sich auf seine Fährte zu setzen und ihn aufzustöbern. Diese besessene Jagd nach dem Coup hat die Aura des Schriftstellers, das Interesse an ihm, seinen Ruhm nur vergrößert und ihm eine zentrale Stellung in der kollektiven Vorstellungswelt, also auch in der kollektiven Realität verschafft, obwohl ein Autor wie Salinger oder andere mit einer ähnlichen Strategie (zum Beispiel Thomas Pynchon) nicht den Preis zahlen mussten, den die ständige Medienpräsenz fordert. Die Isolierung, der Rand im konkreten, physischen Sinn, also das Versteck, hat Salinger und anderen erlaubt, sich eine gewisse Freiheit zu bewahren, die Schule der Welt zu schwänzen.

Der äußerste Rand – das Schweigen, die allgemeine Nichtbeachtung, das nicht veröffentlichte Werk – kann eine leidvolle Erfahrung für Schriftsteller sein, sie hat den Autor Guido Morselli in den Selbstmord getrieben (eine radikale Exklusion, die andererseits zur vollständigen Inklusion führt, zur Veröffentlichung und zum Ruhm). Dieselbe Situation kann aber auch als Weihe zu einer fast esoterischen Autorität erfahren werden. So bei einigen Meistern oder für Meister gehaltenen Personen, die in der Provinz lebten, dem Rand, der für weltflüchtige Kreise vermutlich der geeignetere Ort ist. Dort saßen sie in einer Art verborgenem Zentrum und blickten mitunter unbewusst hochmütig auf die Welt wie auf einen unbedeutenden Rand. Eines der vielen Beispiele ist Sofo, der geschickt verborgene Lehrer vieler, vor allem ligurischer Autoren, Hüter einer Weisheit, die nie vollständig ausgesprochen, verbreitet oder aufgenommen werden will.

Ein besonders faszinierender Fall ist Roberto Bazlen, dessen Geschichte von Daniele Del Giudice in seinem Roman »Das Land vom Meer aus gesehen« und von Enrique Vila-Matas in »Bartleby & Co« erzählt wird. Der geniale Triester Sonderling, ein unermüdlicher Entdecker großer Talente und ätzender Kritiker aller Mittelmäßigkeit, hat die italienische Kultur und Literatur – eines unter vielen Beispielen ist der Verlag Adelphi – wie ein (manchmal auch boshafter) Kobold ganz entscheidend bereichert und inspiriert. Bazlen entzog sich geradezu besessen dem Rampenlicht; trotz einer nie eingestandenen und nie geleugneten Ambition, Schriftsteller zu werden, hat er nicht mehr hinterlassen als eine Handvoll genialer, verstreuter Notizen, Verzeichnisse von Lektüren, Herausgeberbriefe, Bruchstücke von Erzählungen. Die ihm adäquate Form waren Randnotizen, Fußnoten zu Büchern, die er las, entdeckt hatte, aus dem Schatten holte oder zerriss.

Bazlen hat sich sozusagen zur Verbannung verurteilt (oder damit ausgezeichnet), er hat sich an die Grenze der Literatur gestellt, indem er das Leben eines Schriftstellers führte, der nicht schreibt. Sich unsichtbar machen für die Röntgenstrahlen des Literaturbetriebs – der ständig nach neuen Gestalten sucht, die er auf die Bühne bringen und einer kurzfristigen Popularität aussetzen kann, um die Neugier eines nach Kuriositäten und immer stärkeren Reizen gierenden

Publikums gleichzeitig zu befriedigen und zu erregen – ist vermutlich ein wirkungsvoller Widerstand gegen den flüchtigen Ruhm, der das schnelle Vergessenwerden nur beschleunigt. Auch diese Freiheit bietet der Rand, eine listige Freiheit, die sich mit der Eitelkeit der Welt und der Wirkungsweise des Zentrums auskennt. Dank seines Nicht-Schreibens, also der Entscheidung, sich selbst auszugrenzen, ist es Bazlen wahrscheinlich gelungen, seinen Ruhm zu verewigen oder wenigstens weit länger zu erhalten, als eine normale Existenz als renommierter Autor es ihm gestattet hätte.

RAND, ARMUT UND DISSENS

Die Arbeiter der letzten Stunde

In einem Essay mit dem Titel »Der Arme« beschäftigt sich Georg Simmel mit der Frage, wie sich der Zustand der Armut und die Merkmale definieren lassen, die ein Individuum aufweisen muss, um in sozialer Hinsicht als arm zu gelten. Simmel bezieht sich auf den Armen als ein soziologisch leicht zu definierendes Subjekt, dessen kennzeichnende Situation die Not ist, also das Fehlen der zum Lebensunterhalt notwendigen materiellen Mittel, ein Individuum, das als »benachteiligt« und »am Rand stehend« bezeichnet wird.

Randständig (im Sinne von arm) ist sicherlich »derjenige, dessen Mittel zu seinen Zwecken nicht zureichen«, doch diese Bedeutung muss um die eines Subjekts als Hilfsempfänger ergänzt werden. Denn, so Simmel, die zugestandene oder nicht zugestandene öffentliche Armenpflege teilt die Schicht der Armen in zwei entgegengesetzte Gruppen: jene, die sie erhalten und dadurch Rechte erwerben – sie verleiht ihnen eine gesellschaftlich anerkannte Identität, weil ihre Lage einen Mechanismus institutioneller Barmherzigkeit in Gang setzt –, und jene, denen die verweigerte Unterstützung sogar ihre formale Zugehörigkeit zur gesellschaftlichen Gruppe der Bedürftigen zu nehmen droht.

Es ist interessant, den Begriff »randständig« als Synonym von »arm« zu betrachten, doch in einem erweiterten semantischen Feld wird er auch von vielen anderen Bedeutungen durchdrungen. In gesellschaftlicher Hinsicht, behauptet Simmel, besitzt der Arme Rechte gegenüber den öffentlichen Einrichtungen, zu deren Pflichten auch die Unterstützung der besonders Benachteiligten gehört. Dennoch schreibt Simmel die Maßnahmen des Staates zur Unterstützung der Armen nicht ausschließlich dessen ebenso selbstverständlich vorausgesetzter wie nicht näher definierter wohlwollender Natur zu, sondern leitet sie auch aus Strategien zur Eindämmung des Missmuts und der gesellschaftlichen Instabilität ab, welche die Konsequenzen aus nicht gelinderter Not wären. Simmel vergleicht die materielle Unterstützung des Menschen im sozialen Abseits – des Armen – mit der Entscheidung, einen Wasserlauf umzuleiten, um angrenzende Gebiete zu bewässern – eine Entscheidung, die natürlich nicht vom Interesse an der Veränderung des Flusses (des Armen, im Rahmen des Vergleichs) bestimmt ist, sondern von der Notwendigkeit, »den Bedürfnissen der Anwohner entgegenzukommen« (der Gesellschaft). Die Linderung sozialer Übel und die (zumindest beabsichtigte) fortschreitende Eingliederung an den Rand gedrängter Individuen in das gesellschaftliche Gefüge – also der Versuch, den

Rand in Räume einzubetten, die nicht zu sehr vom Zentrum getrennt sind – verdanken sich demnach nicht nur einer institutionellen Barmherzigkeit, sondern zielen auch darauf ab, den von der Ausgrenzung bewirkten Groll und Zorn zu besänftigen, der in offene Rebellion und soziale Unordnung münden kann. Der Zweck des relativen Schutzes, der dem Rand gewährt wird, ist es also, den gesellschaftlichen Zusammenhalt und Frieden zu bewahren, mithin die bestehende Ordnung aufrechtzuerhalten.

Wenn Simmel behauptet, dass der Arme sich als solcher empfindet, weil die Menge der Güter, über die er verfügt, signifikant von einem als Bezugsnorm fungierenden Standard abweicht, dann ist ihm vermutlich bewusst (obwohl er es nicht explizit sagt), dass seine Definition von Armut in gewisser Weise an Marx' Beobachtungen über die historische Entwicklung der Bedürfnisse und die Relativität subjektiver Wahrnehmung von gesellschaftlicher Zugehörigkeit anknüpft. Im Lauf der Zeit und durch die individuelle kognitive Entwicklung wachsen die Bedürfnisse, die ein Mensch befriedigen möchte. Gleichzeitig ist der Wunsch nach einem gewissen materiellen Komfort entsprechend der Theorie des emulativen Verhaltens eng mit der gesellschaftlichen Schicht verbunden, die das am Rand stehende Individuum als Bezugsgröße nimmt. Der Zustand der Marginalisierung wandelt sich also mit der Zeit und der Entwicklung gesellschaftlicher Normen, ebenso wie sich mit der Zeit auch die qualitative und quantitative Zusammensetzung der Personengruppe wandelt, die sich in diesem Zustand wiedererkennt und öffentliche Maßnahmen zu ihrer Unterstützung fordert.

Dennoch braucht das große – häufig unsichtbare – Spiel

aller Teile der heutigen Gesellschaft nicht nur das Zentrum, den Konsens und die Vereinheitlichung, um sich zu legitimieren, sondern auch einen Quotienten der Andersheit, der Ablehnung, des Dissenses. Paris braucht den Clochard, nicht nur aus oberflächlich-pittoresken Gründen, oder, allgemeiner, die Gesellschaft muss in ihrem Inneren Elemente einbeziehen, die ursprünglich am Rand standen. Sie muss ihnen Rechte, Privilegien und Formen juristischen und wirtschaftlichen Schutzes gewähren, um ihre eigene (vermeintliche oder wirkliche) Identität zu bestätigen, indem sie zeigt, dass sie ein hohes Maß an Offenheit und Wohlwollen besitzt. Es ist kein Zufall, dass viele Randgruppen oder Minderheiten, zum Beispiel gesellschaftskritische Bewegungen wie die Globalisierungsgegner (auch die gewalttätigsten), toleriert werden und ihnen eine Sichtbarkeit in den Medien eingeräumt wird, die ihr tatsächliches politisches Gewicht bei weitem übersteigt. Diese Strategie, sei sie nun geplant oder spontan, resultiert aus dem Wissen, dass man den Dissens nur regulieren und kontrollieren kann, wenn man ihm freie Bahn lässt und seinen Vertretern erlaubt, sich auf der Straße und in den Massenmedien zu äußern. Man denke an die Beatniks der fünfziger Jahre oder an die Hippies der sechziger und siebziger Jahre des vergangenen Jahrhunderts. Die Autorität des Staates wurde durch ihren Protest sogar gestärkt, da er sich damit brüsten konnte, in seinem Inneren Dissens und Randständigkeit zuzulassen, sogar aufzuwerten, freilich nicht, ohne sie zuvor domestiziert und in die gewünschte Richtung gelenkt zu haben. Diese sich selbst ausgrenzenden kulturellen Bewegungen des Protests – in der Kunst, der Politik und Gesellschaft – sind gewiss Träger alternativer Perspektiven, doch paradoxerweise stärken sie die bestehende gesellschaftliche Ordnung, die sie in gewisser Weise benötigt, so wie ein Text den leeren, weißen Rand einer Seite als seine Grenze benötigt.

Nicht immer bedeutet der Zustand der Marginalisierung den Verzicht auf Formen von, vielleicht nur minimaler, Gesellschaftlichkeit, wie im Fall des Clochard, der meistens keinerlei Bezug zu einer bestimmten Ideologie hat und nichts anderes verlangt, als dass man seine friedliche, einsame Entscheidung respektiert. Der radikale politische Aktivist – wie der Globalisierungsgegner, der »Empörte« oder die »Occupy-Bewegung« – erfährt durch seine extreme ideologische Entscheidung sicher eine Form von Ausgrenzung, erlebt jedoch innerhalb seiner Gruppe eine identitätsstiftende Zugehörigkeit und macht mehr oder weniger ausgeprägt die Erfahrung von Gesellschaftlichkeit. Er möchte die Welt gemäß seiner Ideologie verändern, überzeugt, dass er einen hegelschen Geist des dialektischen Bruchs mit dem Bestehenden verkörpert, durch den er der sozialen Erneuerung Tür und Tor öffnet. Das zwingt ihn zum Dialog mit dem Zentrum – einem womöglich heftigen, erbitterten Streit. Nicht zufällig erheben viele Protestbewegungen präzise formulierte politische Forderungen, in der Hoffnung, dass diese im Lauf der Zeit Mehrheiten bilden und sich daher schließlich das Zentrum erobern werden.

Der Clochard dagegen tritt für kein ideologisches Anliegen ein, stellt kein Problem für die öffentliche Ordnung dar und strebt weder danach, sich zu integrieren, noch die gesellschaftliche Ordnung umzustürzen oder über seine politischen Forderungen zu verhandeln. Er wird darum zum Zeugen für ein Verhalten wirklicher, echter Verweigerung, im Gegensatz zu dem, der innerhalb des organisierten Widerstands kämpft und gerade vermittels des (auch physischen) Kampfs mit der gesamten gesellschaftlichen Pyramide zu kommunizieren versucht, deren Legitimität er gleichzeitig bestreitet. Das wirklich am Rand befindliche Individuum lebt, wie der Clochard, seine Wahl in totaler Einsamkeit, da es jeden Anschluss an den militanten Dissens verweigert. Dieser hingegen erkennt sich in einer präzisen Ideologie wieder, die kollektiv geteilt werden muss, und sei es im begrenzten Raum der Zugehörigkeit zu einer bestimmten Gruppe.

Sogar Marx – die häufig fehlinterpretierte Inspirationsquelle des radikalen politischen Aktivismus – schreibt in seinen theoretischen Überlegungen zu den Organisationsformen des Dissenses, dass die Revolution Ordnung und Disziplin, hierarchische Zentralisierung und gehorsames Kämpfertum erfordert. Im Gegensatz dazu steht die libertäre, anarchische Tendenz bei den heutigen Konglomeraten des diffusen Widerstands und Protests, da sie sich jeder äußeren Kontrolle entziehen, die sie lenken und in den Kampf führen will, wodurch sie unwissentlich zu einem Hindernis für die revolutionäre Sache werden. Der Marxismus ist überdies ein scharfer Kritiker extremer Formen des Dissenses; Lenin nannte den »Radikalismus« die »Kinderkrankheit des Kommunismus« und war der Ansicht, der Klassenkampf müsse sich als ein komplexes Netz politischer, gesellschaftlicher und kultureller Beziehungen gestalten, welche dann allmählich zur kulturellen Vorherrschaft der Partei führen würden, wie später neben anderen auch Antonio Gramsci bekräftigte. Extremismus und Radikalisierung haben in Italien zum Beispiel die Bewegung von 1977 charakterisiert, die, wie Guido Crainz in seinem Buch »Autobiografia di una Repubblica« anmerkt, den Optimismus und utopischen Geist der 68er verloren hatte. Für die jungen Menschen jener Zeit, von denen viele ein prekäres Verhältnis zum Studium und zur Arbeitswelt hatten, wurde diese Bewegung zur »letzten kollektiven Chance vor der endgültigen Zerstreuung in den vielfältigen Bahnen der Marginalisierung oder gesellschaftlichen Eingliederung«.

Ihr Lebensgefühl zwischen Frustration und Verzweiflung hatte diese Generation dazu gebracht, eine von Respektlosigkeit und Gewalt geprägte Sprache zu ihrer extremen Ausdrucksform zu machen, die dann in die düstere Zeit des bewaffneten Kampfes mündete. Eine Entscheidung, die bei jenen, die sich in diese Wahl flüchteten, stark nihilistische Züge hatte und einen tragischen Drang zur Selbstausgrenzung offenbarte. Wer sich willentlich am Rand hält und sich weigert, den Befehlen eines verantwortungsbewussten, aufgeklärten Führers zu gehorchen, der es vermag, Unzufriedenheit in eine koordinierte, effiziente politische Aktion zu übersetzen, zieht sich – wie bei jenen der Fall, die aktiv an der 77er-Bewegung teilnahmen – in ein selbstsüchtiges, missgünstiges Ressentiment zurück, eine neue Form dessen, was Nietzsche die »Sklavenmoral« nannte. Marx schrieb, es gebe eine seelische Verelendung beim Armen, die nicht beschönigt werden dürfe, und Rossana Rossandra stellt in ihrer Autobiographie »Die Tochter des 20. Jahrhunderts« fest: »Der Arme hat nicht immer recht.« In marxistischer Perspektive erscheint der Randständige ohne ideologische Bezugspunkte, der sich nicht in Formen organisierten Widerstands einbinden lassen will, im Gegensatz zum klassenbewussten Proletarier, der diszipliniert handelt, als ein potentiell destabilisierendes Subjekt, das überwacht und, wenn nötig, unschädlich gemacht werden muss.

In einer demokratischen Gesellschaft wird der Marginalisierte dagegen zum Gegenstand eines häufig eigennützigen, institutionellen Mitleids, durch welches das Fortbestehen der Macht garantiert wird. Sie kann dann auch angesichts fortwährender, ja, sich verschärfender sozialer Ungleichheit ihre Gutmütigkeit und Großzügigkeit als mildernde Umstände anführen. Zu diesem Zweck, also zur Linderung der von Armut verursachten Übel, dient das Mittel der privaten Karitas (vorwiegend religiöser Prägung) und das der öffentlichen Wohlfahrt (die nicht zwingend von religiösen Motiven geleitet wird), schreibt Alexis de Tocqueville in seinem Essay »Das Elend der Armut. Über den Pauperismus«. Erstere verdankt sich einem ursprünglichen Impuls des Mitleids mit dem Nächsten, während Letztere oft aus einem institutionellen Mechanismus resultiert, der von allem Pathos frei und lediglich das Endergebnis eines legislativen Procedere ist. Die private Karitas verläuft vertikal vom Gebenden bis hin zum Nutznießer und führt so auch zu einer direkten Beziehung zwischen den Beteiligten, während die öffentliche Fürsorge das Ergebnis eines komplexen Ineinandergreifens staatlicher Institutionen ist, in dem der Staat als Verbindungsglied zwischen den Beteiligten die Rolle eines aseptischen, undurchschaubaren Vermittlers spielt.

Der Raum, den die private Karitas, verstanden als Schenkung von Gütern, der öffentlichen Wohltätigkeit des Staates überlässt, »bewahrt das Almosen, nimmt ihm aber die Moralität«, schreibt Tocqueville, denn »jede Maßnahme, welche die gesetzliche Karitas auf ein beständiges Fundament gründet, indem sie ihr eine administrative Form verleiht, schafft eine müßige, faule Klasse, die auf Kosten der arbeitenden Klasse lebt«. Das öffentliche Almosen ist daher laut Tocqueville moralisch zu kritisieren, weil es Geldmittel aufbietet, ohne die ausdrückliche Zustimmung ihres legitimen Besitzers, also des Steuerzahlers, einzuholen. Das private karitative Handeln dagegen lindert nicht nur soziale Übel, es trägt auch dazu bei, die Produktion von relationalen Gütern zu steigern: Es dient nämlich den Interessen sowohl des Gebers als auch des Nutznießers, indem es die Grundlage für soziale Harmonie schafft, die beiden Seiten Vorteile bringt. Wenn der Nutznießer des karitativen Handelns Mittel erhält, die sein Überleben sichern, ist dem Geber nicht nur dessen Dankbarkeit sicher, er gewinnt auch die »Sympathie« des ganzen Gesellschaftskörpers, Sympathie verstanden als »moralische Anerkennung« in dem Sinne, den ihr zum Beispiel Adam Smith in seiner »Theorie der ethischen Gefühle« zuschrieb.

Der am Rand Stehende wird auf diese Weise zum treibenden Moment eines komplexen Systems von Werten. Diese Werte haben ihre Wurzeln in den menschlichen Beziehungen, die aus der uneigennützigen Gabe entstehen. Fehlten potentielle Nutznießer, also Arme und marginalisierte Personen, so müsste dieser Sichtweise zufolge der Gesellschaftskörper auf ein fruchtbares Geflecht von Beziehungen verzichten, die vom Geist der Solidarität und des Altruismus beseelt sind, unverzichtbares Salz des Gemeinschaftslebens in jeder verwirklichten Demokratie. Natürlich werden Armut und Ausgrenzung damit nicht als Wertesysteme gesehen, die es zu fördern und zu verewigen gilt, weil sie neue, unbekannte Formen sozialer Beziehungen entstehen lassen; es soll nur festgestellt werden, dass manche Gefühle ihre Wurzeln in wirtschaftlicher Unausgewogenheit haben, wie neben anderen Vilfredo Pareto meinte, der eine Einkommenspyramide, die die Menschen in wirtschaftlicher Hinsicht ungleich macht, zu jeder Zeit und überall für notwendig hielt.

Auch die Religion, besonders die katholische, erblickt in den Armen und Ausgegrenzten bevorzugte Adressaten der Botschaft des Evangeliums. Gebet und Profit scheinen nicht gut miteinander vereinbar, vor allem, seit die Gier nach Gewinn, die es seit eh und je gibt, allumfassend und ausschließlich geworden ist und auch ideologisch eine der Hauptantriebsfedern – oder die einzige Antriebsfeder – für das menschliche Handeln darstellt. Allerdings schrieb der katholische Bankier Ettore Gotti Tedeschi in seinem jüngsten Interview-Buch »Denaro e paradiso« (Geld und Paradies), einem Versuch, die Figur des Reichen zu rehabilitieren: »Der Arme der Bibel ist nicht derjenige, der kein Geld hat, sondern einer, der es hat und von seinem Besitz unabhängig ist, das heißt, er vergöttert es nicht, macht daraus keinen Selbstzweck.« Gotti Tedeschi geht noch weiter: »Vergessen wir nicht, dass die erlittene und nicht gewollte Armut kein Verdienst ist, so wie der Reichtum kein Vergehen ist.« Darin kommt das von anderen Autoren geteilte Anliegen zum Ausdruck, den Katholizismus gegen den Vorwurf zu verteidigen, vielleicht besonders in Italien eine regressive Mentalität begünstigt zu haben (sich für Gewinn schämen, Geld als »Kot des Teufels«), die eine Bremswirkung auf den sozioökonomischen Fortschritt hat. Oft wird dieser Haltung die protestantische Ethik des Gewinnstrebens entgegengesetzt, die amerikanische Mentalität, der Gewinn nicht peinlich ist, die stolz ihr Bankkonto vorzeigt. Doch gerade diese Vergötzung des Geldes als Selbstzweck verurteilt die Kirche, und auch Gotti Tedeschi hält sie für unvereinbar mit dem Evangelium, das dem Reichen nur geringe Möglichkeiten einräumt, in das Himmelreich einzugehen, dessen Tür für ihn enger ist als ein Nadelöhr.

Nach der Lehre der katholischen Kirche muss die Armut streng vom Pauperismus unterschieden werden. Als solche darf sie natürlich nicht verherrlicht, sondern muss gelindert werden. Es ist das Verhältnis zu irdischen Gütern, das weder vergötzt noch als ihr reiner Genuss verstanden werden darf. Materieller Überfluss soll kein Selbstzweck sein, sondern ein Mittel, sich Gottes Wort zu nähern, ein Mittel, dessen Wirksamkeit sich gerade darin zeigt, dass es den Menschen von der Not befreit und ihm darum die nötige Zeit und Kraft lässt, sich dem Gebet und Gott zu widmen. Im Gegensatz dazu führt die fetischistische Vergötterung der Waren zu einer spirituellen Armut, also zur Sünde, die den Zutritt zum Himmelreich verwehrt.

Der Pauperismus entspricht dagegen einer ganz bestimmten Überzeugung – vielleicht gerade wegen seines ideologischen, der kirchlichen Doktrin widersprechenden Charakters –, welche materielle Bedürftigkeit als den wichtigsten, wenn nicht einzigen Weg ins Himmelreich preist. Diese Sichtweise steht der katholischen Lehre eher fern, zumindest derjenigen, die die offizielle Position der Kirche am treuesten widerspiegelt, wobei man aber auch kleinere Strömungen in der Lehre berücksichtigen muss, wie zum Beispiel die Theologie der Befreiung, für die die Armen Gott am nächsten sind – manchmal gelten sie als die Einzigen, die Gott nahe sind –, während sie gleichzeitig in Armut und Ungleichheit eine inakzeptable Ungerechtigkeit, eine Beleidigung Gottes sieht und zum Kampf aufruft, um sie auszurotten. Natürlich könnte man im Hinblick auf den Widerstand der offiziellen katholischen Lehre, sich angemessen zum materiellen Elend zu verhalten, an die Mönchsorden erinnern, die das Armutsgelübde verlangen. Freilich muss dieses Gelübde als Verbot für den Einzelnen verstanden werden, Reichtümer anzuhäufen, es erstreckt sich vermutlich nicht auf den Gewinn, der dem Orden zufließt. Immerhin üben einige Orden gewinnorientierte Tätigkeiten aus, die betriebswirtschaftlich organisiert und mitunter sehr einträglich sind. Man denke an die Abteien, von denen manche zu veritablen Wirtschaftsbetrieben mit klaren internen Hierarchien und fortschrittlichen Management-Prinzipien wurden. Sie widmen sich der Produktion von Gütern für den Markt, die teilweise beträchtliche Profitmargen vorsehen, wohlgemerkt immer mit streng kontrollierten Abläufen, um die Ausbeutung von Arbeitskräften, Lieferanten und Käufern zu vermeiden und die Zustimmung aller Mitglieder der Gemeinschaft zu gewährleisten. Wie der belgische Philosoph Léo Moulin in seinem Buch »Libre parcours: Itinéraire spirituel d'un agnostique« bemerkt, haben die Mönche, vor allem die Benediktiner, durch ihre technologischen und organisatorischen Neuerungen, ihre Erfindungsgabe und ihre Hingabe an die Arbeit, den modernen wirtschaftlichen Fortschritt allererst möglich gemacht. Zur Erbschaft der Mönche des 15. Jahrhunderts gehört auch der Bereich demokratischer Verfahren und der Mechanismus politischer Vertretung, ja, Moulin behauptet sogar, dass ihr komplexes System aus Machtübertragungen und Kontrollorganen das Entstehen repräsentativer Demokratien um ein paar Jahrhunderte vorwegnimmt.

Angesichts des Autoritätsverlusts der Kirche in den vergangenen Jahrzehnten bei einer mittlerweile areligiösen und massenhaft nach Gewinn strebenden Bevölkerung, die Geld nicht als überlebensnotwendige Notwendigkeit in Krisenzeiten, sondern als höchsten Wert begreift, haben die religiösen Führer nicht mit harscher Kritik an Luxus, Geiz, Hab- und Geldgier gespart. Sie sind wesentliche Merkmale des *homo oeconomicus,* dem es ausschließlich darum geht, seinen persönlichen Gewinn zu maximieren, und der nur selten gewillt ist, seine Persönlichkeit in nobleren Verhaltensweisen auszudrücken. Schon vor dem Aufkommen des Kapitalismus stellte die persönliche Bereicherung einen sehr starken Impuls für das menschliche Handeln dar, und sie war gestern gewiss nicht weniger stark als heute, gerade weil das nackte Überleben für viele schwieriger war. Doch im Kapitalismus ist die Wirtschaft nicht mehr diejenige eines Aristoteles oder Thomas von Aquin, nämlich die Kunst – oder Wissenschaft – des Familienvaters, wie auch desjenigen, der Verantwortung für die Gesellschaft und den Staat trägt, die notwendigen Mittel bereitzustellen, um in Würde leben zu können. Eine Würde, die es erlaubt, Werte zu kultivieren, die sich zwar nicht mit Geld messen lassen, aber ohne das notwendige Geld für ein selbstbestimmtes Leben nicht durchzusetzen wären. Heute dagegen ist der Gewinn zur Ideologie des Gewinns geworden, und die Wirtschaftssphäre, nunmehr das alles beherrschende Feld des individuellen und kollektiven menschlichen Handelns, ist dem moralischen Urteil tendenziell enthoben, weshalb sie weniger ein Mittel als ein Hindernis für die Suche nach dem Guten, der Wahrheit und der spirituellen Erbauung zu sein scheint.

Darum hat Johannes Paul II. in seinen Enzykliken zu sozialen Fragen immer wieder betont, dass die Praktiken und Institutionen der Marktwirtschaft, vom Privateigentum bis zum Bestreben, den eigenen Wohlstand durch eigner Hände Arbeit zu erhöhen, nur legitimiert werden können, wenn sie der Förderung des Allgemeinwohls dienen. Wenn die Finanzwirtschaft, die Währungspolitik, die Aktivität der Banken und die Börsenspekulation Arbeitslosigkeit erzeugen und zum Fortbestehen von Armut beitragen, wird das von der Kirche als Verstoß gegen ihre Ethik, als Unwert und Sünde gesehen und kritisiert. Im Übrigen hat schon die Enzyklika »Rerum Novarum« von Papst Leo XIII. sich der sozialen Frage angenommen, die zu jener Zeit aufkam, und viele Enzykliken der Päpste, die ihm nachfolgten, haben über die Bedeutung und Moralität kapitalistischer Praktiken nachgedacht, indem sie fragten, welche Wirkung diese auf das materielle und moralische Wohl der arbeitenden Klassen, der Ausgeschlossenen und Ausgegrenzten haben. Die Liebe vorzüglich zu den Armen bleibt bis heute, wenn sie richtig interpretiert wird, eine der Grundlagen der Soziallehre der katholischen Kirche. Sie misst denen, die sich an den Rand der Gesellschaft gedrängt sehen, einen besonderen Wert zu und gewährt ihnen eine Vorzugsspur auf dem Weg ins Himmelreich.

Das Gleichnis von den Arbeitern im Weinberg drückt

diese höchste Wertschätzung des Christentums für den am Rand, vielleicht am Rand des Lebens selbst Stehenden, wahrscheinlich besser aus als alle Überlegungen und Erklärungen. In diesem Gleichnis erhalten die zuletzt gekommenen Arbeiter, die nur eine Stunde gearbeitet haben, den gleichen Lohn wie die anderen, die den ganzen Tag gearbeitet haben. Eine verstörende Geschichte, die tatsächlich viele Exegeten irritiert hat, weil es schwierig ist, zu interpretieren und zu erklären, was wie eine Ungerechtigkeit erscheint und Gott nur schwer zuzuschreiben ist, auch nicht im Namen seiner Barmherzigkeit, die nicht ungerecht sein kann. Die Antwort – schlägt Giovanni Bazoli vor – liegt möglicherweise in dem, was die zuletzt gekommenen Arbeiter sagen: Sie haben nur eine Stunde gearbeitet, erst am Ende, am Rand des Tages, weil niemand sie vorher gerufen hatte, weil niemand ihnen die Möglichkeit gegeben hatte, früher zu arbeiten, wie sie den anderen gegeben worden war. Sie sind die wichtigsten Figuren in diesem Gleichnis, denn ihr ganzes Leben war bis zu dieser letzten Stunde ein ausgegrenztes Leben, am Rand von allem.

Andere Deutungen des Gleichnisses von den Arbeitern im Weinberg, die der soeben erwähnten nicht unbedingt widersprechen, heben hervor, dass es der unendlichen Großzügigkeit Gottes zu verdanken ist, wenn jene, die den ganzen Tag, und jene, die nur eine Stunde gearbeitet haben, die gleiche Behandlung erfahren. Nachdem Gott sichergestellt hat, dass jeder seinen gerechten Lohn bekommt, behält er sich die Möglichkeit vor, manchen Menschen nicht nur das zu geben, was ihnen zusteht, sondern darüber hinaus auch ein Geschenk zu machen. Solch göttliche Freigebigkeit kann Neidgefühle in denen wecken, die das Geschenk nicht erhalten. Im Gleichnis von den Arbeitern im Weinberg machen sich also die Arbeiter, die den ganzen Tag gearbeitet haben, der Sünde des Neides schuldig, weil sie Gott seine Großzügigkeit gegenüber anderen vorwerfen, in diesem Fall jenen, die weniger gearbeitet haben. Die göttliche Großzügigkeit, sagt das Gleichnis, darf bei jenen, die bei dieser Gelegenheit nicht von ihr profitiert haben, keinen Groll hervorrufen, vorausgesetzt natürlich, ihnen wurde eine faire Behandlung ohne jede Ausbeutung oder Diskriminierung zuteil. Im größeren Zeitrahmen betrachtet, wird die Entschädigung auch für sie kommen, denn Gott wird es so einrichten, dass die Arbeiter, die länger gearbeitet haben, ebenfalls früher oder später eine angemessene Belohnung erhalten.

RAND GLEICH ZENTRUM?

Die »neoklassische« oder
»Grenznutzentheorie«

In der Geschichte der Wirtschaft und ihrer Interpretation
spielt die Beziehung zwischen Zentrum und Rand seit jeher
eine wichtige und in gewisser Hinsicht zweideutige Rolle,
da sie zu einer Vielfalt einander widersprechender und un-
vereinbarer Interpretationen Anlass gibt. Fernand Braudel,
der in der »Dynamik des Kapitalismus« nach den Ursachen
fragt, die dazu geführt haben, dass der Kapitalismus sich in
einigen Ländern früher durchsetzen konnte als in anderen,
und besonders auf den Fall England eingeht, nennt die Geschichte des Kapitalismus eine Abfolge von *récentrages*. Das
bedeutet, dass die Rolle des Zentrums von einer Stadt auf
die andere oder einem Land auf das andere übergegangen
ist, jedoch immer innerhalb derselben »Weltwirtschaft«.
Letztere darf natürlich nicht mit dem heutigen Begriff der
Weltwirtschaft verwechselt werden, sie bezeichnet ein geo-
graphisch klar lokalisiertes und begrenztes System aus kon-

zentrischen Kreisen, die sich um ein einziges Zentrum herum entwickeln (falls es zwei Zentren gibt, wird eines unterliegen). Dieses Zentrum fungiert als wirtschaftliche Lunge, deren Reichtum auch den Rand nährt. Ein solches Zentrum bildeten im Lauf der Geschichte nacheinander unter anderem Venedig, Genua, Antwerpen, Amsterdam und London, heute sind es New York, außerdem einige asiatische Städte wie Shanghai oder Hongkong. In der Phase der politischen und militärischen Vorherrschaft des britischen Reiches, so Braudel, konnte sogar dieses ungeheuer große Kolonialreich als Peripherie gelten, als Rand in Bezug auf England, dem jahrzehntelang einzigen und wirklichen Zentrum der »Weltwirtschaft«. Heutzutage, wo die Globalisierung den direkten Kontakt zwischen allen Orten auf der Welt erlaubt und die traditionellen Hierarchien der Kommunikation und Übermittlung umstürzt, kann das Zentrum überall entstehen, wodurch der Rand verschwindet – wenigstens gibt es kein klar umrissenes und stabiles Zentrum und auch keinen in Bezug auf dieses Zentrum definierbaren Rand mehr.

Während sich die Kategorien Zentrum und Rand in der wirtschaftlichen Sphäre durch den Globalisierungsprozess tendenziell vermischen, oder einfach verschwinden, kann der Rand in der Wirtschaftstheorie sogar zum Zentrum werden, zum Bezugspunkt, auf dessen Grundlage man das ganze System der materiellen Werte misst. Im Übrigen ist der Begriff »Rand« nicht das einzige Wort, das entgegengesetzte Bedeutungen haben kann, *sacer* zum Beispiel bedeutet sowohl heilig als auch verflucht. »Marginal« bezeichnet im Allgemeinen zwar eine Position der Schwäche oder Unterlegenheit, etwas Zweitrangiges – ein unbedeutendes Individuum, eine Randgruppe –, doch der Begriff steht auch für jene wissenschaftliche Strömung, die in einem so wichtigen Bereich wie der Wirtschaft heute triumphiert. Denn der Rand beziehungsweise die Grenze ist das Schlüsselwort der modernen Wirtschaftstheorie, zumindest jener, die die aktuell vorherrschende Tendenz, den Mainstream bildet und die wissenschaftliche Forschung und akademische Lehre leitet.

Die »Werttheorie«, die als wissenschaftlicher Konsens heute überwiegt, schließt sich nicht zufällig der sogenannten »neoklassischen Theorie« oder »Grenznutzenschule« an. Ersterer zufolge entsteht der Wert einer Ware durch die gemeinsame Bewertung, die Menschen dem Konsum der letzten Mengeneinheit dieser von ihnen gekauften und konsumierten Ware beimessen. Daher der Begriff »Grenze«. Wenn die erste Tasse Kaffee, die man morgens kauft, nutzbringender und verlockender ist als die zweite, die zweite verlockender als die dritte und so weiter, dann fällt der Wert einer Tasse Kaffee ungefähr mit dem Preis zusammen, den man für die letzte gekaufte und konsumierte Tasse zu zahlen bereit ist. Dies ist der »Grenznutzen« einer Ware, eine Größe, die mit dem quantitativen Zuwachs der konsumierten Ware sinkt und das subjektive Maß des Wertes einer Ware bildet. So lehrt es die volkswirtschaftliche »Grenznutzenschule«, die in der zweiten Hälfte des 19. Jahrhunderts mithilfe der grundlegenden Arbeiten von Carl Menger, Stanley Jevons und Léon Walras entwickelt wurde. Hinzu kamen später die ebenso wichtigen Beiträge der zweiten Generation der »Marginalisten«, deren bedeutendste Vertreter Alfred Marshall und Vilfredo Pareto waren. Schon über ein Jahrhundert früher hatte Daniel Bernoulli eine Theorie des Grenznutzens formuliert, die nach Meinung einiger Historiker bereits in einem Brief des Mathematikers Gabriel Cramer vorweggenommen wurde.

Die Theorie des Grenzwerts wird als »subjektive Wertelehre« bezeichnet, weil sie von den individuellen Präferenzen der Konsumenten in Bezug auf unterschiedliche Warenangebote ausgeht. Die klassische Theorie dagegen, die zwischen dem 18. und 19. Jahrhundert vorherrschte, wird »objektive Wertelehre« genannt, weil sie sich auf die Produktionskosten gründet, welche ihrerseits aus der Menge der Arbeit – also einer objektiven Größe – resultieren, die erforderlich war, um eine Ware zu produzieren. Dieser Wandel in der Auffassung von dem Mechanismus, anhand dessen sich der Wert einer bestimmten Ware feststellen lässt, vollzog sich in den siebziger Jahren des 19. Jahrhunderts und führte zu einer radikalen Umformulierung der Theorie: Der Motor der wirtschaftlichen Prozesse verlagerte sich von der Phase der Warenproduktion in jene des Warenkonsums. Demnach bestimmen die Konsumenten in Ausübung ihrer Entscheidungsfreiheit den Ausgang des gesamten Wirtschaftsprozesses, sehen sich also ins Zentrum jenes Mechanismus gestellt, der das Funktionieren der Volkswirtschaft reguliert: Im Rahmen der theoretischen Analyse gewinnen sie als Subjekte höchste methodologische Relevanz, und auf normativer Ebene erhält der politische Schutz ihrer Interessen Priorität.

Um die optimale Menge einer konsumierten Ware zu bestimmen, muss der Preis für den Erwerb dieser Ware (der ein finanzielles Opfer darstellt) nach Ansicht der Marginalisten ihrem Grenznutzen entsprechen, nämlich dem Wert der letzten Mengeneinheit der erworbenen Ware. Da der Preis jeder Einheit, jeder Tasse Kaffee, konstant der gleiche ist, eignet der Konsument sich folglich einen Mehrwert an. Denn die verschiedenen Mengeneinheiten der Ware, die sogenannten inframarginalen Einheiten, also die einzelnen Tassen Kaffee, werden für eine Geldsumme erworben, die geringer ist als der subjektive Nutzen, den der Konsument ihnen zuschreibt: Der Konsument zahlt für die erste oder dritte Tasse denselben Preis wie für die letzte, von ihm am wenigsten begehrte, für ihn am wenigsten nützliche Tasse. Gleichzeitig würde jeder weitere oder gesteigerte Konsum einen Verlust mit sich bringen, weil die subjektive Wertschätzung der Ware – einer zusätzlichen Tasse Kaffee nach der letzten, noch erwünschten Tasse – geringer ist als das finanzielle Opfer für ihren Konsum.

Der ausgehend vom Konsum einer Ware bewertete Grenznutzen, also eine variable Größe subjektiver Natur, trägt dazu bei, den Marktwert festzulegen. Nimmt man die Beziehung, die sich zwischen Preis und Grenznutzen eingespielt hat, als Ausgangspunkt, lässt sich nämlich die Nachfrage nach einer bestimmten Ware bei jedem Konsumenten ermitteln, und man gelangt schließlich zum Nachfrageaggregat, indem man einfach die individuellen Nachfragen aggregiert, die natürlich sinken, wenn der Preis steigt. Auf die gleiche Weise gelangt man unmittelbar zum Aggregat des Angebots: Es ist das Ergebnis einer einfachen Rechnung, die von den Produktionseinheiten ausgeht und an der Profitmaximierung ausgerichtet ist. Das Angebotsaggregat erweitert sich natürlich, wenn das Preisniveau steigt, und in dem Fall steigen auch die Verdienstspannen, was dazu führt, dass die Ausweitung der Produktion vorteilhaft wird. Die optimale Produktionsmenge eines Betriebes fällt mit jenem Preisniveau zusammen, welches garantiert, dass der Preis der produzierten Ware mit seinen Grenzkosten übereinstimmt, also dem Preis der letzten Mengeneinheit der produzierten Ware. Der ökonomische Aufwand, den ein vermehrter Einsatz der Produktivkräfte – Arbeit, Boden und Kapital – erfordert, muss durch die gesteigerten Erträge beim Verkauf der letzten Mengeneinheit (oder Grenzeinheit) der Ware genau ausgeglichen werden. Dann hat der Betrieb, der die betreffende Ware produziert, kein Interesse mehr daran, die Produktion zu steigern oder zu drosseln.

Ein Gleichgewicht entsteht, wenn das Nachfrageaggregat dem entsprechenden Angebot gleichkommt. Steigt der Preis übermäßig, stockt der Konsum, und ein Prozess setzt ein, der Druck auf den Preis ausübt und durch dessen Senkung das Gleichgewicht zwischen Angebot und Nachfrage wiederherstellt. Im Falle einer übermäßigen Nachfrage führt der Druck auf den Preis dagegen zu seiner Erhöhung. Ist ein Gleichgewicht erreicht, wird sich jeder Konsument einen gegebenen Quotienten an Mehrwert aneignen. Dieser berechnet sich nach der Differenz zwischen dem Preis für den Erwerb jeder Mengeneinheit der Ware und dem Nutzen, den der Konsument aus den inframarginalen Einheiten zieht. Die Produktionsbetriebe werden in dem Fall Profite erzielen. Den größten Vorteil aus diesem Prozess zieht, wie sich zeigen lässt, der Konsument, der infolge des Drucks, den der Wettbewerb auf die Preise ausübt, einen erhöhten Mehrwert erhalten wird, während die Profitmarge der Betriebe aufgrund ihres heftigen Konkurrenzkampfes eine begrenzte Schwankungsbreite nicht übersteigen wird. Eine Garantie für dieses wirtschaftliche Ergebnis gibt es freilich nur in einer Wirtschaft mit mustergültig geregelter Konkurrenz, in der die Betriebe so zahlreich sind, dass sie als *price taker* auftreten, also die Preise als gegeben hinnehmen, ohne sie durch strategische Kunstgriffe beeinflussen zu können. In anderen Formen der Marktwirtschaft dagegen – zum Beispiel dem Monopol, dem Oligopol oder bei Kollusion – besitzen die Betriebe aufgrund ihrer geringen Anzahl eine gewisse Macht, können damit die Preise und die Angebotsmengen zu ihrem Vorteil manipulieren und sich so einen beträchtlichen Teil des dem Konsumenten zustehenden Mehrwerts aneignen, was für ihn einer wahren Enteignung gleichkommt.

Obwohl der mit dem Konsum einer Ware verbundene Grenznutzen in dem Maße sinkt, in dem die konsumierte Menge dieser Ware steigt, bleibt er doch stets positiv. Diese Eigenschaft fasst man unter dem Axiom der Nicht-Sättigung zusammen: Die Subjekte neigen dazu, ihren Konsum unaufhaltsam zu steigern, allerdings innerhalb der Grenzen des Teils ihres Einkommens, den sie für den Konsum verwenden können. Das Axiom der Nicht-Sättigung muss mit dem Axiom des abnehmenden Grenznutzens, dem der Vollständigkeit (es besagt, dass ein Konsument immer in der Lage ist, frei zwischen zwei verschiedenen Angeboten beliebiger Waren zu wählen), dem der Transitivität (wenn ein Warenangebot einem zweiten vorgezogen wird und das zweite dem dritten, besitzt das erste auch den Vorzug vor dem dritten) und mit der Hypothese verbunden werden, dass die einzelnen wirtschaftlichen Einheiten *price taker* sind, wenn man streng mathematisch beweisen will, dass es ein Preissystem geben kann, bei dem alle Märkte gleichzeitig ausbalanciert sind, das Nachfrageaggregat jeder Ware also dem jeweiligen Angebot entspricht. Die Existenz eines ausgeglichenen Preissystems zu beweisen hat Wirtschaftswissenschaftler und Mathematiker dennoch jahrzehntelange Mühen gekostet, die nach einer konfliktreichen intellektuellen Arbeit in den fünfziger Jahren des zwanzigsten Jahrhunderts dank der Beiträge von Gérard Debreu und Kenneth Arrow schließlich von Erfolg gekrönt waren.

Die Grenznutzenschule stellt sich als wissenschaftliches Paradigma dar, dessen Anliegen es ist, die segensreichen Eigenschaften des Konkurrenzprinzips der Marktwirtschaft hervorzuheben. Sie bildet damit den theoretischen Unterbau des Wirtschaftsliberalismus, der behauptet, dass die ursprüngliche Unordnung einer ungeregelten Wirtschaft aus einem Gewirr von Individuen, die ihren eigenen Wohlstand mehren wollen, sich am Ende in eine nicht nur harmonische, sondern auch effiziente Ordnung verwandelt. Auf der Ebene des individuellen Gleichgewichts des Konsumenten garantieren die Übereinstimmung zwischen den Grenzraten der Substitution zweier beliebiger Güter (sie kennzeichnen die jeweilige Quote des Austauschs zwischen den beiden gegeneinander abgewogenen Gütern, die dem Konsumenten beide erlauben, auf derselben Indifferenzkurve zu bleiben, das heißt, den eigenen Nutzen unverändert zu bewahren) und das Verhältnis zwischen den entsprechenden Preisen (die anzeigen, welches Austauschverhältnis zwischen den beiden auf dem Markt angebotenen Gütern besteht) die optimale individuelle Wahl des Konsumenten. Ebenso garantieren auf der Produktionsseite die Übereinstimmung zwischen dem Preis einer Ware (der festlegt, was durch ihren Verkauf verdient wird) und ihren Grenzkosten (der zur Produktion der letzten Einheit dieser Ware nötige Aufwand) die Wahl der besten Produktionsrate.

Die von der Grenznutzenschule aufgestellten Hypothesen reichen also aus, um die Effizienz eines Systems der Ressourcenallokation festzustellen, das dem Wettbewerbsmechanismus überlassen wird. Der Wettbewerb maximiert den zwischen Konsumenten und Betrieben aufzuteilenden, gesamten Mehrwert dieses Systems, indem er die Vergeudung von Ressourcen vermeidet: Jedes Gut wird dem Agenten anvertraut, für den es sich am kostbarsten erweist. Wenn der Wert jeder Ware von der gemeinsamen Bewertung durch die Endverbraucher festgelegt wird, dann bestimmt diese Bewertung in einem Prozess der rückwirkenden Anrechnung auch die Höhe der Produktionsfaktoren: Die Löhne, die Einnahmen und die Profite bilden einen Teil des Wertes, den die Konsumenten den Gütern zuschreiben, die von den jeweiligen Produktionseinheiten, beziehungsweise von allen, die auf unterschiedliche Weise die Produktion möglich gemacht haben, geschaffen wurden.

Das neoklassische Paradigma stellt demnach den Konsum ins Zentrum des Wirtschaftsgeschehens, nicht mehr die Produktion, wie es die Klassiker taten. So zum Beispiel Jean-Baptiste Say in »Traité d'économie politique« und »Cours complet d'économie politique pratique«, in denen er die wohltätigen Auswirkungen auf die Gesellschaft der Produktion zuschrieb, ihr also die Aufgabe anvertraute, den allgemeinen Wohlstand zu fördern. Das produktive Moment bildete das

Herz des Wirtschaftsprozesses. Mehr zu konsumieren, bis an die Grenze der eigenen Ressourcen zu konsumieren, pausenlos Güter und Dienstleistungen zu erwerben – dies ist dagegen der Dreh- und Angelpunkt, um den die Grenznutzentheorie kreist und auf den sie sich gründet. Sogar die Tugenden der Sparsamkeit werden in einem auf den Konsum konzentrierten theoretischen Bezugsrahmen neu interpretiert, insofern das Sparen nichts anderes darstellt als einen aufgeschobenen Konsum, wenn man berücksichtigt, dass die Subjekte die verzögerte Nutzung eines Gutes dessen unmittelbarem Verbrauch durchaus vorziehen können.

Der Konsum offenbart den Geschmack und die Vorlieben des Verbrauchers, die der eigentlichen Konsumhandlung vorausliegen, und deren Obergrenze einzig und allein von den zum Kauf der Güter vorhandenen Mitteln bestimmt wird. Also lässt sich die Ordnung der Präferenzen eines Individuums ermitteln, indem man einfach sein Verhalten beobachtet – vorausgesetzt, es gehorcht einigen logischen Axiomen –, wie die vor einigen Jahrzehnten entwickelte »Theorie der offenbarten Präferenzen« behauptet. Dieser theoretische Zugang läuft allerdings Gefahr, in die Tautologie zu münden, wenn behauptet wird, ein Individuum agiere nur deshalb auf bestimmte Weise, weil es das wünscht.

Der Marginalismus nimmt dem Menschen sein lebendiges, komplexes und widersprüchliches Wesen – das die klassische Schule teilweise berücksichtigte –, indem er die Beweggründe seines Handelns auf eine einzige und zudem residuale Dimension beschränkt: den egoistischen Antrieb, der sein Verhalten leitet und bestimmt. Die zentrale Bedeutung, die die Grenznutzentheorie dem Konsum verleiht, verlagert den Bereich der wissenschaftlichen Analyse von einem vielfältigen Zentrum – in dem ausgeprägte Leidenschaften und Neigungen unterschiedlichster Art herrschen – auf eine bloß periphere Dimension, in der die untersuchten Beweggründe sich auf die rein egoistischen Antriebe beschränken.

Um sich dieses Zentrum wieder anzueignen und auch nicht ausschließlich egoistisch motiviertes Handeln einzubeziehen, hat die Grenznutzentheorie verschiedene Wege beschritten. Dazu zählt zum Beispiel die theoretische Beschreibung des nachahmenden Konsums (ein Phänomen der Anpassung an das Verhalten anderer, auch »Mitläuferkonsum« genannt) oder des demonstrativen Konsums (der Konsum als Verschwendung und als Statussymbol, auch »Geltungskonsum« genannt). Das waren methodologische Kunstgriffe, über die sich schon Anfang des zwanzigsten Jahrhunderts Thorstein Veblen in seiner vielbeachteten »Theorie der feinen Leute« ironisch äußerte, und die Kenneth Galbraith später in »Gesellschaft im Überfluss« kritisierte. Mit seinem düsteren, vom Widerwillen geschärften Blick, wie Adorno bemerkte, übte Veblen harte Kritik am Luxus, an der »demonstrativen Verschwendung« bei den wohlhabenden Schichten (die »feinen Leute«). Sie dient einzig und allein dem Prestigezuwachs derer, die sie sich erlauben können.

Doch die Grenznutzentheorie zählt auch altruistische Gefühle, also die Sorge um das Wohlergehen anderer, zu den Faktoren, die den subjektiven Nutzen erhöhen. Derartige Hinzufügungen können das Postulat der Marginalisten freilich weder verändern noch korrigieren. Diesem auf dem methodologischen Individualismus gründenden Postulat zufolge strebt der Konsument immer und überall danach, größte Zufriedenheit zu erreichen, natürlich unter Berücksichtigung der technologischen und ökonomischen Bedingungen, denen er unterliegt. Es ist kein Zufall, dass auch der nachahmende und der demonstrative Konsum einer Logik der Steigerung folgen. Da sie die Funktion haben, den sozialen Status des Konsumenten anzuzeigen, bemessen sie sich daran, inwiefern er als ein Zuviel oder Zuwenig von den gesellschaftlichen Normen abweicht, die als Bezugsgrößen dienen. Wenn der subjektive Nutzen für ein Individuum auch vom Wohlergehen anderer abhängt, wie im Fall des Altruismus, wird er mit seinem Verhalten das Ziel verfolgen, die materielle Lage seiner Mitmenschen ebenfalls zu verbessern. Genauso wie andere, herkömmliche Güter beeinflusst diese dann die Nutzenfunktion für den Konsumenten. Man denke an Freiwilligenarbeit: Wer sie leistet, zieht daraus auch eine subjektive Befriedigung.

Nach der Logik der Grenznutzentheorie beruht auch das Wirken zum Beispiel der Mutter Teresa in Kalkutta auf einem egoistischen Antrieb, der in ihrem Fall mit der Befriedigung zusammenfällt, welche der Dienst am Nächsten verschafft: Für einen Menschen wie Mutter Teresa würde das Wohlergehen anderer also auch zur Nutzenfunktion gehören und hätte darin ein großes Gewicht. Für die neoklassische Theorie muss es eine sehr deutliche Kausalitätsbeziehung zwischen einer Handlung und ihrem Resultat oder auch zwischen den Mitteln und dem Zweck geben. Ein Mensch, für den der subjektive Nutzen das Wohlergehen anderer einschließt, würde demnach seine subjektive Befriedigung nur dann gesteigert sehen, wenn sich die Lage seiner

Mitmenschen tatsächlich dank seines Verhaltens gebessert hätte, weil nur die für diesen Zweck eingesetzten Mühen den individuellen Nutzen vergrößern. Stattdessen – und das lässt sich leicht nachweisen – freuen sich Menschen, denen das Schicksal ihres Nächsten wirklich am Herzen liegt, auch dann, wenn seine Lage sich dank des Einschreitens Dritter oder aufgrund einer Reihe günstiger Umstände verbessert.

Manche Formen des Altruismus können also mit den traditionellen analytischen Mitteln der neoklassischen Theorie nicht erklärt und interpretiert werden, da sie keinen kohärenten theoretischen Rahmen für jene menschlichen Beweggründe besitzt, die nicht auf rein hedonistische Impulse rückführbar sind. Die Grenznutzenschule läuft damit Gefahr, zu einer partiellen, reduzierten Sicht des menschlichen Handelns zu führen und zu ignorieren, dass es viele andere Beweggründe für das Verhalten der Menschen gibt, die nicht selten weit über das bloße Streben nach persönlicher Befriedigung hinausgehen. Der Glaube zum Beispiel – mit Kierkegaard als ein Sprung verstanden – hebt die Verbindung zwischen Präferenzen und Praxis aus den Angeln, denn er schöpft aus einer Leidenschaft, der jedes rein utilitaristische Kalkül völlig fremd ist, er lebt aus einer »Torheit«, würde Erasmus von Rotterdam sagen. Zweifellos entsteht der Glaube nicht aus einer Vorliebe, sondern aus einer Absicht, einem auf keinerlei egoistischen Antrieb zurückzuführenden Willen, sich Gott ganz hinzugeben, ohne irgendetwas dafür zu bekommen. In diesem Sinn führt Kierkegaard die Geschichte Abrahams als Beispiel für einen unbedingten Glauben an: Abraham ist bereit, seinen Sohn Isaak zu opfern, um einem göttlichen Befehl zu gehorchen, der sinnlos und unmoralisch scheint – ja, sogar wirklich unmoralisch ist. Die biblische Erzählung von Abraham ist das deutlichste Beispiel für die hier stattfindende Trennung zwischen Präferenzen (Abraham hängt an seinem Sohn wie an nichts anderem) und Praxis (das unbegründete Opfer des geliebten Sohnes, das eindeutig dem Ziel widerspricht, Isaaks und damit auch Abrahams Wohl zu dienen). Im Namen der »Torheit« seines Glaubens ist Abraham zu einem Verhalten bereit, dessen Ausgang in schärfstem Gegensatz zu seinen Präferenzen steht, nur um einem unerforschlichen göttlichen Ratschluss zu gehorchen, wie widersinnig dieser auch erscheinen mag. Die Aufhebung der Beziehung zwischen Vorlieben und Verhalten – wenn es nach der neoklassischen Theorie geht, steht Letzteres notwendig im Dienst der Ersteren – betrifft auch das Martyrium oder heldenhafte Verhaltensweisen, die nichts mit dem Glauben zu tun haben müssen, sich aber weltlichen Idealen verpflichtet sehen können.

Mit hedonistischen Beweggründen erklärt die Grenznutzentheorie auch außerwirtschaftliche Phänomene, nämlich Handlungsweisen, die sich nicht auf dem Warenmarkt abspielen und im Grunde zum Forschungsbereich anderer Disziplinen gehören. Tatsächlich hat sich die Grenznutzentheorie in andere Disziplinen eingemischt und einer ständig wachsenden Fülle unterschiedlichster Fragen angenommen, zum Beispiel Entscheidungen über die Fortpflanzung, die Lösung kriegerischer und diplomatischer Konflikte, Strategien politischer Wahlen, Liebesbeziehungen und terroristische Aktivitäten. Natürlich birgt eine solche Entgrenzung der Disziplin außer der Zerstreuung von Arbeitskraft auch das Risiko, dass die Grenznutzentheorie zu einer unterschiedslosen, alles umfassenden Alleswisserei führt und ihre eigentliche Absicht aus dem Blick verliert, ein Paradigma für die volkswirtschaftliche Forschung zu bieten.

Schopenhauer sagte, dass der Wille (also das fortwährende Streben nach Befriedigung, nach persönlichem Nutzen) nur in der Kunst – in allen Künsten, besonders aber in der Musik – zur Ruhe komme. In der Kunst, wohlverstanden, nicht im Künstler, dessen Psyche häufig auf die Befriedigung egozentrischer und narzisstischer Bedürfnisse gerichtet ist, also maßlos nach dem verlangt, was die Grenznutzentheorie mit vollem Recht zum Eigennutz zählen würde. Zu Letzterem gehört für Schopenhauer auch der Suizid. Für den Selbstmörder wiegt die Entscheidung für den Tod schwerer als die, am Leben zu bleiben, und seine Tat gehorcht einer Präferenz, die zwar tragisch, aber gleichwohl seine eigene ist. Das sind gewiss anfechtbare Behauptungen, denn in ihrer unerbittlichen Logik lassen sie die Widersprüche der menschlichen Seele außer Acht: »Die Logik ist zwar unerschütterlich«, schreibt Kafka, »aber einem Menschen, der leben will, widersteht sie nicht.«

Da die Grenznutzenschule mit ihrem Axiom der Nicht-Sättigung als Theorie auftritt, deren Ziel es ist, die Effizienz der Ressourcenallokation im Rahmen einer freien Marktwirtschaft zu beweisen, lässt sie die von vielen philosophischen Systemen gepriesenen Tugenden der Mäßigung und Bescheidenheit unberücksichtigt. Die griechische Antike verurteilte in der Philosophie Platons und Aristoteles' die Maßlosigkeit auf allen Gebieten des Handelns und Denkens. Die Aufklärung (vor allem in ihren vom Naturrecht beeinflussten Strömungen), die mit Adam Smith die Grundlagen für die reine Wirtschaftstheorie legte, feierte die Tugenden der Mäßigung sowohl im wirtschaftlichen Bereich als auch auf dem allgemeineren der verschiedenen sozialen und moralischen Antriebe. Mit ihrer emphatischen Betonung des uneingeschränkten Konsums ignoriert und verrät die Grenznutzentheorie also die philosophischen Wurzeln der Wirtschaftstheorie, die früher fast als ein Zusatz zur Ethik aufgefasst wurde (Smith war nicht zufällig Professor für Moralphilosophie). Losgelöst von jeglichem ethisch-philosophischen Bezug, reduziert diese Theorie den Menschen auf einen rein mechanischen Antrieb. Er bestimmt sein ganzes Handeln, macht es zu einem fieberhaften Streben nach dem größten individuellen Glück, und der Akt des Konsums erhält seine volle Legitimität allein durch die Wünschbarkeit seines Gegenstands, unabhängig von möglichen nachteiligen Auswirkungen auf andere und die Gesellschaft.

Wenn die Grenznutzentheorie sich freimacht von jedem Rest ethischer Betrachtung – die zum Beispiel noch die klassische Schule beeinflusste –, kann die Wirtschaftstheorie endlich den Status einer »harten Wissenschaft« für sich beanspruchen, den die Naturwissenschaften haben, deren Entdeckungen von allen moralischen Erwägungen und Urteilen unabhängig sind. Damit emanzipiert sie sich auch von der Religion und scheint endlich dem schützenden Prinzip des NOMA *(non overlapping magisteria)* zu unterstehen, dem zufolge im Bereich wissenschaftlicher Kenntnisse keinerlei ethisches Urteil über die wissenschaftlichen Entdeckungen gefällt werden darf. Dem widerspricht zum Beispiel Papst Franziskus, der vom moralischen Urteil sagte, es dürfe sich nicht auf die Privatsphäre beschränken und ebenso wenig nur darauf bedacht sein, »die Seelen auf den Himmel vorzubereiten«, sondern müsse den gesamten Komplex weltlicher und gesellschaftlicher Aspekte umfassen, welche die Menschheit betreffen.

Wir sahen, wie die Grenznutzenschule sich in der zweiten Hälfte des 19. Jahrhunderts durchsetzen und als Mainstream den Bereich besetzen konnte, in dem zuvor die Klassiker dominierten. Das legt nahe, die Grenznutzentheorie, obwohl sie schon in der ersten Hälfte des 19. Jahrhunderts vorbereitet wurde, als ein relativ junges wissenschaftliches Paradigma anzusehen. Doch in jüngster Zeit hat eine katholisch-freiheitlich-liberale Denkströmung bei den Spätscholastikern Formulierungen entdeckt, die – obwohl heuristisch und keimhaft – eine auf dem Grenznutzen des Konsums basierende Theorie andeuten. Wie Alejandro A. Chafuen in »Christians for Freedom« und Thomas E. Woods Jr. in »The Church and the Market« schreiben, bestimmen einige Spätscholastiker, zum Beispiel der heilige Thomas von Aquin, der heilige Bernhardin von Siena und der heilige Antoninus, den Wert einer Ware nach drei Faktoren: der *virtuositas*, der *raritas* und der *complacibilitas*. Wie Chafuen betont, besteht die *virtuositas* in der Fähigkeit eines Gutes, gleichartige Güter zu übertreffen, zum Beispiel ein gutes Korn das schlechte. Die *raritas* stellt die relative Menge eines Gutes dar: Je knapper das Gut ist, desto höher wird der Preis dafür sein. Auch die italienischen Ökonomen des 18. Jahrhunderts bestimmten den Wert nach der Knappheit, darunter eine so einzigartige Persönlichkeit wie der Universalgelehrte und vielseitige Schriftsteller Conte Gian Rinaldo Carli aus Capodistria. Léon Walras, einer der Väter der Grenznutzentheorie, legte den Akzent ebenfalls auf die *rareté* eines Gutes. Damit wollte er das von Adam Smith so benannte Wertparadox lösen, nach dem Diamanten mehr kosten als Wasser, obwohl ihr Nutzen für die Menschen geringer ist. Die *complacibilitas* steht in gewissem Sinn für die gemeinsame Bewertung, mit der die – nach Vorlieben und Ressourcen für den Konsum unterschiedenen – Individuen den Gebrauch eines bestimmten Gutes qualifizieren. Das Verlangen nach einem bestimmten Produkt schlägt sich nicht zufällig in der Erhöhung seines Preises nieder.

Wie Chafuen bemerkt, widersprechen diese Ansätze den Auffassungen von Forschern wie R. H. Tawney, der behauptete, »die wirkliche Folge aus der Lehre des heiligen Thomas von Aquin ist die Arbeitswerttheorie«, und sogar zu der Schlussfolgerung gelangte: »Karl Marx ist der letzte der Scholastiker.« Im Gegensatz dazu sagen Chafuen und Woods Jr., dass die Grenznutzentheorie ihren Vorläufer in der spätscholastischen Lehre gefunden habe. Damit würde das klassische Denken zu einer kurzen geistigen Episode innerhalb einer Denktradition, die – ungeachtet einiger theoretischer Nebenwege – von den Spätscholastikern bis zu den Marginalisten der zweiten Hälfte des 19. Jahrhunderts reicht. Eine solche Traditionslinie lässt sich nach Meinung vieler Forscher allerdings schwer nachweisen, da die spätscholastische Wirtschaftstheorie im ganzen 19. Jahrhundert nur sehr schwachen Widerhall fand, besonders bei den Gründern der Grenznutzenschule.

Außer Zweifel scheint dagegen zu stehen, dass sich sowohl die frühen Grenznutzentheoretiker und dann auch besonders deutlich jene der zweiten Generation methodologisch vom mechanistischen Reduktionismus cartesianischer und newtonscher Prägung inspirieren ließen, wie unter anderem Bruna Ingrao und Giorgio Israel in »The Invisible Hand« darlegen. Das mechanistische Weltbild führt die Bewegungsgesetze der Teilchen auf eine Reihe von naturgesetzlichen Kräften und Auslösern zurück, die dann von der Grenznutzenschule mit dem unaufhörlichen Streben nach dem größtmöglichen Glück gleichgesetzt werden.

Damit zeichnet sich die Figur des *homo oeconomicus* ab, eines seiner existentiellen Komplexität beraubten Individuums. Es handelt nach einem reinen Verhaltensalgorithmus, analog zum materiellen Punkt in der Physik und gemäß den Einflüssen, denen es ausgesetzt ist, im vorliegenden Fall also rein hedonistischen Antrieben. Schon Jeremy Bentham hatte die Gleichwertigkeit zwischen dem Nutzen und der Erzeugung von Zufriedenheit postuliert. Noch deutlicher wird die Übereinstimmung zwischen der Grenznutzenanalyse und der mechanistischen Forschungsmethode, wenn man die Sprache der neoklassischen Schule untersucht, die aus der Infinitesimalrechnung schöpft, einer Synthese zwischen Integral- und Differentialrechnung. Die Infinitesimalrechnung kennzeichnete die Physik des 19. Jahrhunderts, ihre Grundlagen wurden durch Newton und gleichzeitig, aber unabhängig von diesem, durch Leibniz gelegt.

Paradoxerweise führte der Siegeszug des Marginalprinzips zu einem eingeschränkten Bild des *homo oeconomicus*, dieser Hauptfigur der Gesellschaft und modernen bis zeitgenössischen Kultur. Der *homo oeconomicus* wurde vom moralischen Subjekt, das sich seiner eigenen Rolle und seiner Beziehung zur natürlichen Ordnung der Dinge bewusst ist, in rascher Folge zum unbewussten Werkzeug der »Vorsehung«, zur literarischen Metapher, zur rhetorischen Figur und schließlich zur reinen, methodologischen Abstraktion. Mit der Grenznutzentheorie verwandelt sich der Konsument, die Schlüsselfigur der Ökonomie – einer starken Wissenschaft, die die Gesellschaft beherrscht –, in eine blasse, abstrakte und auswechselbare Figur, menschlich marginal, am Rand stehend und blutleer im Vergleich zum Fleisch und Blut der lebendigen Welt.

Denn die neue schöpferische, zerstörerische und wilde Kraft ist die Gleichsetzung des Wertes mit der darin enthaltenen Arbeit, der Kapitalismus der klassischen Schule – also Smith, mehr noch David Ricardo und seine Anhänger oder auch einige seiner großen Kritiker, die es ohne ihn nicht gäbe, wie Marx. Diese Kraft, die unter vielen anderen auch Goethe faszinierte und beunruhigte, formt einen neuen Menschen, einen *homo oeconomicus*, der die Welt und sich selbst mithilfe des Geldes verwandelt. Denn wie es in einem denkwürdigen, von Marx geschätzten Passus im »Faust« heißt, prägt das Geld die Natur und die Persönlichkeit des Menschen. Im »Faust« bereitet diese Kraft einen freien Grund für ein freies Volk, indem sie dem Meer Land abtrotzt, doch um das alles zu erreichen, schreckt sie auch vor Verbrechen nicht zurück.

Der *homo oeconomicus,* der die alte Welt hinwegfegt, ist der Unternehmer, dessen Initiative und Genialität Jean-Baptiste Say preist, weil sie Schöpferkräfte des wirtschaftlichen und sozialen Fortschritts sind. Der *homo oeconomicus,* der die Welt revolutioniert, ist der Produzent, der Abenteurer, nicht der Konsument, der stets die Grenze im Blick hat. Er ist der

Mensch der Arbeit, nicht des Nutzens, und die Arbeit steht im Mittelpunkt, im Herzen der Wirklichkeit, nicht an ihrem Rand. Er ist, neben anderen Figuren, der Robinson Crusoe von Defoe, der seine Insel umgestaltet, indem er sich der Religion des Entwerfens und der Technik anvertraut; er ist der Wilhelm Meister Goethes, der ein Unternehmen ins Leben ruft, obwohl er die Flüchtigkeit des Geldes teilweise mit der Beständigkeit des Grundbesitzes bannen kann; ihn verkörpern die Figuren Fieldings und später diejenigen Balzacs, um nur einige Beispiele zu nennen, bei denen die Wirtschaft nicht die Peripherie oder die Oberfläche des Lebens ist, sondern sein Zentrum, sein Herz und sein Blutkreislauf.

Der *homo oeconomicus* der klassischen Schule, dessen Taten sich um die Produktion und um die in ihr (auch auf betrügerische oder ungerechte Weise) verkörperte Arbeit drehen, stürzt eine jahrhundertealte Ordnung und ihre Werte um, weiß aber, dass er sich innerhalb einer natürlichen, moralischen Ordnung bewegt. Er kann sie zwar verletzen, vielleicht sogar zerstören, doch sie bleibt trotz ihrer Anfechtung der objektive Horizont seines Handelns. Adam Smith, der Vater des modernen ökonomischen und moralphilosophischen Denkens, beharrte auf der Notwendigkeit einer präzisen Ordnung mit eigenen Gesetzen, welche die wirtschaftliche Sphäre menschlicher Tätigkeiten im Gleichklang mit den natürlichen Neigungen und Bestrebungen der Individuen – »Präferenzen« würde Smith nicht sagen – steuern muss.

Vom Menschen aus Fleisch und Blut verwandelte sich das Subjekt der Ökonomie durch das Marginalprinzip in eine methodologische Abstraktion. Sogar Alfred Marshall, der Lehrer der zweiten Generation der Grenznutzenschule, ja, der Wirtschaftswissenschaft *tout court*, unterstrich, dass die Ökonomie und besonders die Grenznutzenschule ein partielles und nur annäherndes Verständnis vom menschlichen Handeln, mithin vom Menschen selbst bieten können. Das egoistische Wesen des *homo oeconomicus* liegt laut Marshall und Pareto auf einer Geraden der menschlichen Antriebe in einem Grenzbereich, also an ihrem Ende, und am gegenüberliegenden Ende sind die vollkommen uneigennützigen Handlungen zu verorten. Die Wirtschaftswissenschaft, die sich ausschließlich auf eine Analyse der egoistischen Dimension des Menschen konzentriert, ist sich durchaus bewusst, dass sie nur zu einem partiellen Verständnis des menschlichen Handelns gelangen kann. Pareto selbst sagte, die Wissenschaft müsse mit »sukzessiven Annäherungen« verfahren, welche darin bestehen, ein gegebenes Modell durch die fortschreitende Einführung zunehmend ausdifferenzierter Hypothesen zu bereichern. Denn sie machen das analytische Verfahren zwar einerseits schwieriger, spiegeln aber andererseits die Komplexität der menschlichen Natur getreuer. Will man zu einem erschöpfenden analytischen Rahmen gelangen, der das menschliche Handeln in seiner Totalität umfassen kann, muss man, so Pareto, sämtliche Antriebe berücksichtigten – auch wenn sie manchmal widersprüchlich und unlogisch sind –, statt sich nur auf egoistische Beweggründe zu konzentrieren, den ausschließlichen Untersuchungsgegenstand der Ökonomie, die sich mit dieser Beschränkung als eine auf Teilgebiete reduzierte Wissenschaft entpuppt. Paretos vielleicht überambitionierte Forderung erklärt auch, warum er sich von der Ökonomie abwandte und zum Soziologen wurde. Er gelangte zu der Überzeugung, dass die Soziologie als Wissenschaft ein breiteres Anwendungsfeld besitzt als die Ökonomie, wenn sie sich auf die Erforschung eigennütziger Bestrebungen beschränkt.

Das hilft uns vielleicht, zu verstehen, warum die Grenznutzenschule, also ein beschränkter wissenschaftlicher Zugang, obwohl sie in der Wirtschaftstheorie durchaus erfolgreich war, keine Kultur in einem weiteren Sinne hat hervorbringen können, wohingegen die klassische Schule von Denkern wie Smith, Ricardo und Marx starken Einfluss auf die Literatur und Kunst ausübte. Sie hat zur Schöpfung unsterblicher Figuren in unsterblichen Werken beigetragen, weil sie die Totalität oder zumindest das Wesentliche, das wirklich Bedeutsame des Lebens und der Menschen berührte, statt nur den einen, zwar wichtigen, aber marginalen Aspekt ihrer Präferenzen als Konsumenten. Die Grenznutzentheorie hat keinen Defoe, Goethe oder Balzac gehabt.

Der Konsument als Hauptfigur des wirtschaftlichen Universums ist zwar eine interessante Figur, aber nur ein reduzierter Ausschnitt des Menschlichen. Das Marginalprinzip begnügt sich damit, seine rein egoistischen Antriebe zu erforschen, und lässt alle anderen Beweggründe menschlichen Handelns außer Acht. Gewiss, schon in der Romantik gab es eine große Kultur des Konsums, wie Giuliano Baioni und Giuseppe Bevilacqua richtig sahen. Sie beginnt mit Friedrich Schlegel, dessen genialer Geist erkannte, dass der Konsum in der zunehmend komplexeren modernen Gesellschaft – angefangen beim Konsum von Kunst, aber auch auf jedem anderen Gebiet – fortwährend von Produkten stimuliert werden muss, die nicht mehr »schön«, sondern »interessant« sind, also immer neuartiger, überraschender, aufregender, extravaganter werden müssen, wie Gewürze zwangsläufig immer pikanter und gepfefferter sein müssen, um einen immer verwöhnteren Gaumen zu befriedigen, der immer stärkerer Reize bedarf. Verglichen mit der Aktivität des Produzenten oder Unternehmers, tritt die Passivität dieses Konsumenten umso deutlicher hervor, er unterwirft sich zunehmend dem bestehenden Angebot und ist immer weniger in der Lage, seine Nachfrage durchzusetzen. Ein Rand, der vom Zentrum abhängt, allerdings von einem Zentrum, das immer anonymer wird und immer schwerer zu identifizieren ist.

RAND, ZENTRUM UND DEMOKRATIE

Die Globalisierung verwischt die Unterschiede zwischen Zentrum und Rand, ja, löst sie manchmal sogar ineinander auf. Heute trifft das vor allem auf die Wirtschaft zu, gilt aber wohl auch für die Kultur. Sie wird weitgehend von den Vereinigten Staaten dominiert, die ihre Standards und Vorbilder zum Beispiel in der Film- und Musikindustrie noch immer in alle Welt exportieren. Vielleicht trifft es nicht mehr in dem Maße auf die Politik zu, wo sich beobachten lässt, dass die Demokratie angelsächsischen Musters ihre weltweite Vorbildfunktion allmählich verliert. Natürlich ist die demokratische Verfassung der USA und Englands noch immer ein maßgebliches Leitbild, das nachgeahmt und – manchmal mit Gewalt – exportiert wird. Doch wir erleben heute auch eine rasche Vermehrung alternativer Formen der Demokratie, jede mit ihren besonderen Merkmalen. In ihnen spiegeln sich die jeweiligen historischen Umstände wider, unter denen die Demokratie sich in einzelnen Ländern durchgesetzt hat, außerdem die jahrhundertealten Traditionen, mit denen im Verlauf des demokratischen Übergangs verhandelt werden musste. Nicht ohne Grund spricht man heute immer häufiger von europäischer, indischer, südamerikanischer oder afrikanischer Demokratie mit jeweils unvergleichlichen Besonderheiten.

Amartya Sen behauptete in »Ökonomie für den Menschen«, dass der Wert der Freiheit, den die Demokratie besser als jedes andere System gefördert hat, von fast allen Kulturen als grundlegendes Moment des Gemeinschaftslebens anerkannt wurde. Für den indischen Wirtschaftswissenschaftler und Philosophen ist die Demokratie also kein ausschließliches Produkt westlichen Denkens, sondern das Resultat eines gemeinschaftlichen Bedürfnisses nach Freiheit, das nahezu alle Kulturen, moderne wie ältere, erfasste. Dieser Behauptung des Ökonomen wurde energisch widersprochen. Die Globalisierung habe das demokratische Modell zwar in einer Vielfalt nationaler Varianten dezentralisiert, doch seine gedankliche Ausarbeitung gehe eindeutig auf den Westen zurück. Auf politischer Ebene stellt sich die Beziehung zwischen Zentrum und Rand also völlig neu dar, wenn es um die Frage geht, wem die Vaterschaft beim theoretischen Entwurf einer demokratischen Gesellschaft gebührt. Die unzähligen Variationen, die die neuen Demokratien aufweisen können, sind auf der Ebene der Werte schwer klassifizierbar, eher wohl anhand von Kriterien der Effizienz. In einer Demokratie betrifft die Beziehung zwischen Zentrum und Rand vor allem das Verhältnis zwischen Mehrheit und Minderheit, das sich sehr stark vom entsprechenden Verhältnis in der Wirtschaft unterscheidet. Denn im Inneren der ökonomischen Sphäre herrschen starre Hierarchien, und was sie prägt, ist das Fehlen geeigneter Ausgleichsmechanismen, die außer dem Schutz der wirtschaftlich Schwächeren auch eine Veränderung des sozialen Status garantieren könnten.

In diesem Zusammenhang sei daran erinnert, dass sich im Wert einer Ware die kollektive Bewertung spiegelt, die ihm die Masse der Konsumenten zuschreibt. Sie führt zur Festlegung seines Marktpreises und zu den Anreizen, die vom Angebot ausgehen: Die erhöhte Nachfrage nach einer Ware schlägt sich in ihrem erhöhten Preis nieder. Gleichzeitig erlaubt ein geregeltes und ausreichend hohes Einkommen, Einkäufe auch dann zu tätigen, wenn die Preisentwicklung starke Tendenzen zur Erhöhung zeigt. Die Einkünfte, die die Gesellschaft in ihrer Gesamtheit für den Kauf eines Gutes aufwendet, variieren je nach der Verteilung von Reichtum in ihrem Inneren. Ist das Volkseinkommen in den Händen einer wohlhabenden Mehrheit konzentriert, der eine Minderheit notleidender Individuen gegenübersteht (ein typisches Phänomen westlicher Länder, in denen ein mittleres bis gehobenes Bürgertum numerisch dominiert), wird es den Wohlhabendsten dank ihres Reichtums möglich sein, eine Ware auch dann zu erwerben, wenn sie sich verteuert, ohne dass es zum wünschenswerten Druck auf die Preise kommt, der die Ware wieder billiger macht.

Natürlich hat die Krise der letzten Jahre diesen Wohlstand der Mehrheit beeinträchtigt und auch die mittleren Einkommensschichten in Schwierigkeiten gebracht. Die Macht der privilegierten oder weniger betroffenen Gruppen, die Preise zu bestimmen, vor allem die Preise von Bedarfsgütern, also die des lebensnotwendigen Konsums, hat sie allerdings nicht eingeschränkt. Diamanten werden bekanntlich weniger von der Krise erfasst als durchschnittlich teure Bekleidung. Wenn eine Ware teuer ist, aber die Nachfrage nach dieser Ware nicht im wünschenswerten Maß zurückgeht, um ihren Preis zu senken, wird ein Teil der Verbraucher sich gezwungen sehen, die Menge, die sie von dieser Ware erwirbt, zu rationieren oder ganz auf ihren Erwerb zu verzichten, doch ohne damit signifikante Preissenkungen auslösen zu können. Je kleiner diese Minderheit mit niedrigem Einkommen ist, desto unbedeutender ist ihr Einfluss auf die Nachfrage nach der Ware, auf deren Preis und damit auf ihren Marktwert. Doch auch der Einfluss einer größeren Minderheit bleibt unbedeutend, wenn die Nachfrage weiterhin von denen belebt wird, deren Konsumverhalten sich dank ihres hohen Einkommens nicht einmal bei einer beträchtlichen Preissteigerung ändert.

Planwirtschaften führten zu Güterknappheit, weshalb sich vor den Geschäften lange Warteschlangen bildeten, bemerkt der spanische Wirtschaftswissenschaftler José Luis Sampedro in »El mercado y la globalización«. Doch auch in Marktwirtschaften, so Sampedro, tauchen immer häufiger »virtuelle Warteschlangen« auf, gebildet aus Menschen, die aufgrund ihrer Notlage die gewünschten Waren nicht erwerben können – nicht einmal jene des täglichen Bedarfs – und sich daher vom Wirtschaftsprozess ausgeschlossen sehen. Im großen Spiel zwischen Nachfrage und Angebot werden sie an den Rand gedrängt und sind somit auch nicht in der Lage, entscheidend zur Festlegung des Preisniveaus beizutragen.

Während der Kauf von Konsumgütern bei einem Missverhältnis der Einkommen seine typische Funktion, die Marktpreise automatisch zu stabilisieren, nicht mehr erfüllen kann, stattet eine gleichmäßigere Verteilung von Reichtum mehr Menschen mit der erforderlichen Kaufkraft aus, um spürbaren Einfluss auf die Nachfrage zu nehmen und durch ihr Konsumverhalten Preissenkungen oder -steigerungen auszulösen, falls es bei der Preisentwicklung Anzeichen für einen anormalen Verlauf gibt. So werden die Verbraucher zum Beispiel angesichts einer exzessiven Erhöhung des Marktpreises einer Ware mit einem defensiven Verhalten reagieren, und da es keine wohlhabende Mehrheit gibt, die die Nachfrage dennoch unverändert hoch hält, den Preis für diese Ware auf ein angemesseneres Niveau zurückführen. Das Gegenteil wird eintreten, wenn es Anzeichen gibt, dass ein Preis stark sinken wird. In dem Fall wird eine beträchtliche Anzahl Käufer die Nachfrage überhitzen und inflationäre Bewegungen auslösen. Eine angemessene Umverteilung des Reichtums garantiert also eine adäquate Reaktivität der Nachfrage als Antwort auf die Flüchtigkeit der Preise. Denn diese Reaktivität kann das Preisniveau auf längerfristig ausgeglichene Werte zurückführen, freilich erst als Konsequenz eines Angleichungsprozesses, der je nach den institutionellen und strukturellen Bedingungen des Wirtschaftssystems relativ viel Zeit in Anspruch nehmen kann.

Doch das derzeitige Marktsystem – das durch den Globalisierungsdruck immer freizügiger und anarchischer wird – hat auch in Ländern mit hohen Durchschnittseinkommen zu einer wachsenden Ungleichheit geführt, und wie alle Statistiken zeigen, setzt sich dieser Prozess noch immer fort. Er hat immer breitere Bevölkerungsschichten in einem bis heute nie dagewesenen Ausmaß in eine reale Situation wirtschaftlicher Marginalisierung verbannt und sie damit jener Entscheidungsfreiheit beraubt, die dem Verbraucher aus Sicht der Grenznutzenschule voll und ganz gebührt. Auf paradoxe Weise geht das Wachsen der Ungleichheit mit einer Steigerung des Bruttoinlandsprodukts einher. Seine Zuwachsrate zeigt in westlichen Ländern normalerweise positive, wenngleich mäßige Werte, eine allerdings extreme Ausnahme bildet ihr Rückgang während der 2008 ausgebrochenen Krise. Einige aufstrebende Volkswirtschaften, zum Beispiel die Gruppe der BRICS-Staaten (Brasilien, Russland, Indien, China und Südafrika), erleben schon seit längerer Zeit Zuwachsraten des Bruttoinlandsprodukts, die sich auf hohen Werten zwischen sechs und neun Prozent eingespielt haben und durch die Krise nur leicht gesunken sind. Und dennoch verzeichnen die Statistiken in diesen Ländern gleichzeitig eine beträchtliche Zunahme wirtschaftlicher Ungleichheit.

Phasen der Rezession, wie jene, die 2008 ausbrach, doch auch viele andere in Ländern, deren Wirtschaft nach den Prinzipien des *laissez faire* organisiert ist, vergrößern die Menge der Bedürftigen, vergrößern also sozusagen den Rand. Doch paradoxerweise scheinen sie gerade dadurch die Ungleichheit zwischen den wohlhabenden Schichten und den wirtschaftlich schwächeren Gruppen der Bevölkerung zu verringern, weil sie beide Kategorien gleichermaßen treffen und zu einer allgemeinen Nivellierung des Reichtums im Sinne einer allgemeinen Minderung führen. Es ist kein Zufall, dass die Preise im Verlauf solcher pathologischer Situationen (doch angesichts der Dauer der jüngsten Krise fragt man sich, ob man derartige Dysfunktionen nicht mittlerweile als »strukturelle« Eigenschaften kapitalistischer Wirtschaftssysteme begreifen sollte) keine Tendenz zu signifikanter Erhöhung zeigen. Stattdessen tritt das entgegengesetzte Phänomen der Deflation ein, das heißt, der Verbraucherpreisindex fällt jäh als Folge eines übermäßigen Angebots im Vergleich zur entsprechenden Nachfrage. Die Deflation verstärkt die Rezessionstendenzen der Wirtschaft, die sich besonders als hohe Arbeitslosenquote niederschlagen. Um ihr zu begegnen, braucht man geeignete Maßnahmen wie fiskalpolitische und geldpolitische Anreize, sowie eine Niedrigzinspolitik – natürlich unter Berücksichtigung der Verpflichtungen, die sich aus der nötigen Neuordnung der Staatsfinanzen, also der Kontrolle der Defizitfinanzierung und der Staatsverschuldung ergeben.

Während der Phasen der »Normalität«, in denen die makroökonomischen Variablen sich den Werten ihres fixen Gleichgewichts annähern, erleben wir erstaunlicherweise, dass eine große Anzahl Verbraucher die Entscheidungsfreiheit über ihren Konsum verliert, obwohl sie der Grenznutzentheorie zufolge allen Konsumenten zusteht und allen garantiert werden müsste. Die Verbraucher verlieren ihre Entscheidungshoheit, weil es weiterhin eine erhebliche Anzahl konsumorientierter Menschen mit hohem Einkommen gibt, die Waren auch in inflationären Situationen kaufen und damit die Reaktivität der Nachfrage schwächen, welche, wie die neoklassische Schule unermüdlich betonte, die Stabilität des Preisniveaus garantieren müsste. Diese Gruppe wird nämlich nur eine schwache Neigung zur Einschränkung ihres Konsums zeigen, zum Nachteil der weniger vermögenden Minderheit, deren verminderte Kaufkraft sich als ungenügend für die Aufrechterhaltung eines befriedigenden Lebensstandards erweist.

Eine solche Dynamik, wie sie ausgerechnet in Situationen relativer wirtschaftlicher Stabilität zu entstehen scheint, ist selbstverständlich unvereinbar mit den Grundprinzipien der Demokratie, einem politisch-institutionellen System, zu dem der Mechanismus des freien Marktes besser zu passen scheint – obwohl er, wie die Geschichte lehrt, auch mit anderen politischen Gebilden, sogar mit totalitären Systemen vereinbar ist. Die Kräfte des Marktes, die sicherstellen müssten, dass das System der Preise mit ihren »grundsätzlichen« Werten übereinstimmt, können diese Funktion nicht mehr erfüllen, wenn die Preise wegen der großen Konsumbereitschaft mittlerer und hoher Einkommensschichten künstlich hoch gehalten werden. Ein solches Ausschalten der Kräfte des Marktes verhindert, dass die Rechte der benachteiligten Minderheit effizient geschützt werden können.

In demokratischen Staaten streben die miteinander wetteifernden politischen Kräfte, zumindest theoretisch, nicht nach einem einstimmigen Konsens – außer im, übrigens recht häufigen, Fall plebiszitärer Abweichungen vom Wechselspiel der politischen Kräfte. Sie erkennen jedoch an, dass eine Kraft der Minderheit, also des Randes, die mit dem Programm der Mehrheit nicht übereinstimmt, einen Wert darstellt, und engagieren sich stark dafür, dass diese Minderheit in den politischen Institutionen repräsentiert wird und ihre Interessen wahrnehmen kann. In der wirtschaftlichen Sphäre geschieht das Gegenteil: Hier sind allokative Mechanismen am Werk, die das Missverhältnis verewigen, statt sich als automatische Stabilisatoren eines ausgeglichenen Kräfteverhältnisses zu bewähren.

Theoretisch schützt die Demokratie den Rand in seinen diversen Formen, darunter auch – bis zu einer gewissen Grenze – andersdenkende Gruppierungen. Sie schützt ihn nicht nur aus Prinzip, sondern auch aus Gründen der Effizienz und Stabilität, weil ein flexibles Verhältnis zwischen Zentrum und Rand, entscheidenden und marginalen Elementen, für die Elastizität der Demokratie selbst, das heißt, ihren realen Bestand erforderlich ist. Die Demokratie braucht den Rand, die Minderheit. Totalitäre Systeme dulden keinen Dissens, keinen Rand – also Verschiedenheit, partielle Integration, alternative Modelle –, sondern wollen die Gesamtheit ihrer Subjekte und deren Handeln, Bedürfnisse, Neigungen und Vorlieben kontrollieren. Darum stürzen totalitäre Systeme, wie die Geschichte lehrt, sehr viel leichter und schneller als Demokratien. Die Demokratie überlebt, indem sie den Rand akzeptiert, teilweise integriert und sogar zu einem Element partiellen Austausches macht, während die im totalitären System unterdrückte, verleugnete Kraft am Rand schließlich explodiert, das System umstürzt und als Rand zum Zentrum wird.

Der Schutz der Minderheit und die Bedeutung, die ihr zugeschrieben wird, sind das Salz der parlamentarischen Demokratie, sie verleihen ihr Substanz und Legitimität. In verwirklichten Demokratien erhält das Streben nach Machterhalt, ein legitimes Ziel derjenigen, die sie innehaben, sein wirksames Gegengewicht gerade durch die Anerkennung der Rechte andersdenkender Minderheiten. Sie widerspricht damit dem Axiom der Nicht-Sättigung, das unverzichtbar ist für das Theoriegebäude der Grenznutzenschule, und nicht allein für einen kohärenten analytischen Zugang, sondern auch für ihre sowohl positive als auch normative Analyse. Im Gegensatz zum selbstbezüglichen Individualismus des *homo oeconomicus*, der nur auf seinen eigenen Wohlstand bedacht ist, den er ohne Einschränkungen jedweder Art vergrößern will, braucht eine politische Mehrheit, um fortzubestehen, auch eine Opposition und ein Quantum Dissens. Sie wirken als Gegengewicht zu einer Macht, die andernfalls maßlos wachsen und einem Abdriften in den Totalitarismus Tür und Tor öffnen würde. In dem Fall würde das gesamte demokratische Gebilde en bloc missachtet, und die Kategorien von Mehrheit und Minderheit – Zentrum und Rand – würden als solche bedeutungslos. Die demokratisch gewählten Volksvertreter, denen die Ausübung der legislativen Gewalt anvertraut wurde, würden durch Diktatoren unterschiedlicher ideologischer Couleur ersetzt, welche in ihrer unersättlichen Machtgier nicht vor der moralischen und physischen Verfolgung abweichender Meinungen zurückschrecken, um die einhellige Zustimmung ihrer Untertanen zu erhalten.

Mit ihrem grundsätzlichen Axiom der Nicht-Sättigung, dem zufolge die Individuen unaufhörlich danach streben, ihren Wohlstand zu vermehren, und niemals befriedigt sind, bietet die Grenznutzentheorie also ein Interpretationsmodell, das sich eher für die Dynamiken totalitärer Regime eignet als für demokratische Systeme. Im Inneren eines demokratischen Systems stößt der Ehrgeiz der wechselseitig miteinander konkurrierenden politischen Kräfte, Führungspositionen zu besetzen und zu erhalten, auf seine Grenze, wenn es um den Respekt und die Anerkennung der Minderheitenrechte geht – die zum Beispiel in Italien auch von der Verfassung bekräftigt sind. In einem despotischen Regime, wo automatische Mechanismen der Machtbegrenzung fehlen, verfügen die politischen Führer hingegen über Mittel und Wege, das Land unter ihre absolute Kontrolle zu bringen und jede Form des Dissenses zu zerschlagen. Ihr Machthunger ist unbegrenzt und kennt keine Sättigung, jedes Mittel ist ihnen recht, um ihre Macht zu vergrößern, einschließlich der wahllosen Verfolgung ihrer Gegner. Die populistische Rhetorik vieler absolutistischer Regime, die gespickt ist mit Versprechungen einer strahlenden Zukunft, der Freiheit von Not und der unbegrenzten Überfülle materieller Güter, schöpft nicht zufällig aus den typischen Argumenten der marginaltheoretischen Tradition und ihrer Betonung des engen Zusammenhangs zwischen dem subjektiven Nutzen und der Verfügbarkeit von Gütern und Dienstleistungen.

Demokraten, die gefeit sind gegen plebiszitäre und demagogische Versuchungen – welche die charakteristischen Gleichgewichte der Demokratie untergraben können, darunter auch jene mit einer langen Tradition –, wissen um die natürliche Unvollkommenheit des Menschen und der Gesellschaft, in der er lebt. Darum werden sie, auch wenn sie an der Macht sind und ihre Machtposition in den Grenzen einer geregelten politischen Auseinandersetzung erhalten wollen, den prinzipiellen Wert des Dissenses (also der Minderheitsparteien und Oppositionsbewegungen) nicht nur anerkennen, sondern auch versuchen, ihn lebendig zu erhalten, indem sie ihm Räume für Debatten und die Vertretung seiner Interessen verschaffen. Man darf außerdem nicht vergessen, dass die Ausübung der Macht dank der institutionellen Mechanismen des politischen Wettstreits in demokratischen Ländern auch zeitlichen Beschränkungen unterworfen ist, die aus dem Ablaufen des Wählerauftrags und der Erneuerung des politischen Mandats resultieren. Zu diesen Einschränkungen kommen die von der Gewaltenteilung zwischen Legislative, Exekutive und Judikative festgelegten Grenzen hinzu. Wie schon Montesquieu wusste, garantiert diese Trennung eine wirksame gegenseitige Kontrolle der Gewalten und ihre wechselseitige Begrenzung.

Wenn die aktuellen Inhaber der Macht der Minderheit das Recht einräumen, sich auszudrücken, in den verschiedenen politischen, gesellschaftlichen und wirtschaftlichen Institutionen ihre Stimme zu erheben, verschaffen sie der Opposition die Möglichkeit, sich zu organisieren, um einen möglichen Machtwechsel vorzubereiten und ihrerseits für eine begrenzte Zeit das politische Gravitationszentrum zu besetzen. In der Demokratie erhalten die Begriffe »Zentrum« und »Rand« also eine flexible und provisorische Bedeutung, weil demokratische Mechanismen an dem Ziel ausgerichtet wurden, den Rollenwechsel zwischen Zentrum und Rand zu fördern.

Auf dem weiten, schwer einzugrenzenden Feld der Wirtschaft sind die Rollen der beiden Seiten dagegen sehr viel statischer und starrer: Wer das Zentrum besetzt, also einen großen Teil des nationalen Reichtums besitzt, sucht dieses Privileg mit aller Wahrscheinlichkeit lange zu erhalten. Der Wechsel zwischen Reichen und Armen, zwischen Zentrum und Rand, würde sich sehr langsam und nur in kleinen Schritten vollziehen. Im Gegensatz zu den Werten, auf denen die Demokratie aufbaut, garantiert der Markt nicht immer eine gesunde Ablösung der wirtschaftlichen Hierarchien. Der soziale Fahrstuhl steht sehr oft still, und der Prozess der Rotation in den wirtschaftlich privilegierten Positionen ist sehr langwierig und hindernisreich, da er vielfältigen Reibungswiderständen und Gegendruck ausgesetzt ist. Das zeigt die Geschichte, man denke zum Beispiel an Dynastien jedweder Art, die sich ihren Reichtum von Generation zu Generation weitergeben, mitunter jahrhundertelang. Nur selten nehmen die Zentren der politischen Macht sich vor, das wirtschaftliche Ungleichgewicht zu beseitigen, und noch seltener sind sie wirklich in der Lage dazu. Stattdessen tragen sie oft dazu bei, soziale Missverhältnisse für lange Zeit zu verewigen. Doch auch in einer unvollkommenen Demokratie – und das heißt, in jeder Demokratie – sorgt die Dynamik der politischen Macht, im Unterschied zur wirtschaftlichen, dafür, dass Zentrum und Rand sich abwechseln und einander fortwährend, vielleicht auch nur teilweise ersetzen. In totalitären Systemen wird der Rand dagegen zunächst geleugnet und unterdrückt, doch wenn er nicht zerstört wird, dehnt er sich schließlich so weit aus, bis er das gesamte System besetzt, was sich an der Art und Weise erkennen lässt, wie viele totalitäre Regime stürzen. Der Rand wird zur Triebkraft einer Revolution, die mal stürmisch und gewalttätig, mal langsam und friedlich verläuft.

DIE NEUEN RÄNDER

Bewegt man sich im eng umgrenzten Bereich der soziologischen Bedeutung des Begriffs »Rand« und richtet den Blick auf jene Gruppen von Individuen, die innerhalb der Gesellschaft eine marginale Rolle spielen – und es entstehen fortwährend neue Randgruppen –, wird klar, dass diese Bedeutung sich im Lauf der Jahrhunderte gewandelt hat und noch immer wandelt. Denn neue gesellschaftliche Ordnungen tauchen auf, immer wieder ausbrechende soziale Konflikte verändern die Beziehungen zwischen den Bewohnern dieses Planeten und definieren unablässig neue Zentren und neue Ränder, welche die ebenfalls provisorischen und wandelbaren Machtverhältnisse zwischen Individuen und Klassen von Individuen widerspiegeln.

Die Geschichte bietet anschauliche Beispiele dafür, dass in politischen und gesellschaftlichen Beziehungen permanent neue Divergenzen und Konflikte aufbrechen, durch die sich die Grenzen des Anwendungsbereichs rechtlicher Bestimmungen ausdehnen oder verengen und das Verhältnis zwischen Zentrum und Rand neu festlegen. Wir erleben heute eine Entwicklung, bei der immer mehr Gruppen in den Bereich des Rechtschutzes und des sozialen »Mitgefühls« einbezogen werden. Diesen Gruppierungen wurde fortschreitend mehr Dignität verliehen, und zu ihrem Schutz wurde – nach einem konfliktreichen Prozess der Forderungen und Kämpfe – ein geeigneter legislativer Rahmen geschaffen, welcher die politischen, staatsbürgerlichen und wirtschaftlichen Rechte, die die Mehrheit der Bevölkerung schon seit langer Zeit genießt, auch auf sie ausdehnt.

Das ist ein großer, ermutigender Schritt nach vorn, eine Tendenz, die behindert, aber nicht aufgehalten werden kann, einer der nicht besonders zahlreichen Gründe, auf den Fortschritt zu vertrauen. Zu den einprägsamsten Beispielen für diese Ausdehnung der Grenzen menschlicher Würde gehört die Abschaffung der Sklaverei, die Befreiung einer Gruppe von Individuen, die jahrhundertelang von der Menschheit ausgeschlossen waren, also die Marginalisierten par excellence darstellten. Von ganz unterschiedlicher, aber analoger Art war die fortschreitende Aushöhlung jener anderen, nicht der Form, aber dem Wesen nach Sklaverei zu nennende, oft unerträgliche Lage der proletarischen Massen. Dass es auf der Welt noch immer verbreitet Sklaverei gibt – außerdem Armut, die versklavt und in ein Ghetto sperrt, dessen Mauern so unüberwindbar sind wie die der Ghettos früherer Zeiten –, ist äußerst schwerwiegend, aber jene vor allem in der westlichen Hemisphäre stattfindende, fortschreitende Ausdehnung der Grenzen dessen, was zur Menschheit gehört, wird davon nicht berührt.

Der Westen hat sich zerstörerischer Gewalt gegenüber anderen Kulturen schuldig gemacht, aber er war auch die Wiege der allgemeinen Menschenrechte und hat sie auch dann nicht verraten, als ihre Einforderung sich gegen ihn selbst und seine herrschenden Klassen richtete. Die westliche Kultur und später ihre Institutionen haben – wenngleich nicht immer mit Erfolg – versucht, zunehmend mehr Gruppen Rechtsschutz zu geben und sie in den Bereich einzugliedern, in dem Rechtsnormen gelten und angewendet werden. Der Weg dorthin war lang, doch nach und nach erhielten immer mehr Personengruppen Privilegien und Rechte, die ihnen einst verweigert wurden. Die Frau zum Beispiel, die in der Geschichte stets diskriminiert und in eine subalterne, fast ausschließlich der Fortpflanzung und Haushaltsführung dienende gesellschaftliche Rolle verbannt wurde, hat zunehmend mehr Rechte erhalten, bis sie (zumindest dem Wort nach) dem Mann gleichgestellt wurde. Trotzdem gibt es weiterhin an sehr vielen Orten – vor allem in unterentwickelten Gegenden – eine inakzeptable Diskriminierung, und legislative Maßnahmen (wie die Frauenquote in Wahllisten oder ein Mutterschutzgesetz für arbeitende Frauen) haben sich als ungenügend erwiesen, um eine tatsächliche Gleichstellung von Mann und Frau zu gewährleisten. Zu hartnäckig überdauern atavistische Vorstellungen von der Ungleichheit der Frau in den Mentalitäten. Der Kampf für die Menschenrechte findet nicht nur in den Parlamenten, sondern auch in den Köpfen statt, doch ohne juristische Kämpfe um eine Ausdehnung der Grenzen für Freiheiten wären sie in vielen Köpfen als unverrückbare Grenzen festgeschrieben. Nicht ohne Grund überdauern vielfältige Formen der Diskriminierung von Frauen in autokratischen und theokratischen Regimen, wo die Grenze, die ihren Rechten gesetzt ist, sich immer mehr zusammenzieht, bis sie zur Schale einer leeren Muschel wird.

Ein anderer großer Schritt in Richtung auf eine Ausweitung schutzwürdiger Gruppierungen war die psychiatrische Revolution, die sich in Italien vor allem dem Engagement von Franco Basaglia verdankt. Der berühmte Paragraph 180 gewährte auch psychisch kranken Menschen Persönlichkeitsrechte, von denen sie jahrhundertelang ausgeschlossen waren, und eröffnete ihnen damit neue, ungewohnte Wege, sich ihre Würde als Subjekte wieder anzueignen. Diese entscheidende Wende in der Gesetzgebung erwies sich jedoch als ein sehr lückenhaftes Projekt, weil man versäumt hatte, für ein geeignetes Netz an Aufnahmestellen und Institutionen zu sorgen, mit dessen Hilfe die aus dem Gefängnis der Irrenanstalten befreiten Kranken eine Wohnung oder häusliche Pflege und generell wirtschaftliche Unterstützung finden konnten. Stattdessen wurden viele sich völlig selbst überlassen oder belasteten ihre Familien, die nach Bildungsstand und wirtschaftlichen Möglichkeiten unterschiedlich geeignet waren, für die ehemaligen Patienten zu sorgen, was abermals ein diskriminierendes Element ins Spiel brachte.

Die Grenze ist im Westen in manchen Fällen noch immer eng, das heißt, es gibt noch immer soziale Gruppierungen, denen der elementarste Schutz verweigert wird, wie der Schauspieler Moni Ovadia in seinem Buch »Madre Dignità« anmerkt. Die neuen Ausgegrenzten und »Unwürdigen« unserer Gesellschaft sind zahlreich, dazu gehören – außer mitunter noch immer den Frauen – Gefängnisinsassen, Obdachlose, Arbeitslose, verschiedene Gruppierungen von Kranken, die von bestimmten Krankheiten betroffen sind, unterdrückte Völker, bisweilen noch heute Homosexuelle und vor allem die Migranten.

Letztere drängen, getrieben von den hoffnungslosen Lebensbedingungen in ihren Heimatländern, an die Grenzen der reichen Nationen, deren Arbeitsmarkt jedoch gesättigt ist, und von denen manche mit bedrückenden Arbeitslosenquoten zu kämpfen haben. Für die Verdammten dieser Erde, die an unseren Grenzen ankommen, wird es objektiv immer schwieriger, sich Lebensumstände zu sichern, die wenigstens einen schwachen Funken der Hoffnung auf Würde versprechen. Die Grenze, die sie in ein furchtbares Außen verbannt, scheint manchmal so weit wie der Horizont. Ihr biblischer Exodus, mit dem sie eine für uns praktisch inexistente Grenze durchbrechen, um in unser Zentrum zu stürzen, hat häufig katastrophale Folgen. Sie reichen von den nicht selten vorsätzlich herbeigeführten Schiffbrüchen und den überfüllten Aufnahmezentren, die nicht in der Lage sind, die minimalsten Menschenrechte und hygienisch-sanitären Bedingungen zu garantieren, bis zu vermehrten populistischen, fremdenfeindlichen Reaktionen, die das politische Gleichgewicht gefährden. Die Solidarität mit diesen Ausgestoßenen ist eine grundlegende moralische Pflicht, und es gibt nicht nur viele lobenswerte humanitäre Initiativen in den Ländern Europas, erinnert sei auch an die harte, zunehmend schwierigere Arbeit, mit der das Militär und die Polizeikräfte Leben retten und für die erste Aufnahme der Flüchtlinge sorgen.

Doch die realen Kapazitäten, um eine angemessene Aufnahme zu gewährleisten, sind in Ländern wie Italien begrenzt. Diese Menschen mit Würde zu empfangen, das heißt, ihnen die gleichen Rechte wie jedem Bürger und die gleichen Chancen auf ein selbstbestimmtes, erfülltes Leben zu bieten, ist eine Pflicht, die durch die schiere Anzahl der Einwanderer unerfüllbar werden könnte. Ein Krankenhaus kann und muss in einer dramatischen Notlage sehr viel mehr Kranke oder Verletzte aufnehmen, als es Plätze hat, doch das kann es nur innerhalb bestimmter Grenzen leisten, sonst entstehen Situationen, die nicht mehr zu meistern sind, und die Betroffenen reagieren mit Ablehnung und Aggression. Diesem Phänomen eine Grenze zu setzen ist auf jeden Fall ein europäisches Problem, was es allerdings für alle nicht weniger dramatisch macht.

Die Armut im Westen ist auch dank einer am Wohlfahrtsstaat orientierten Wirtschaftspolitik zurückgegangen, doch wird der Wohlfahrtsstaat wegen der derzeitigen Krise in naher Zukunft vermutlich schwer zu erhalten sein, wenigstens nicht in seiner jetzigen Dimension. Darauf weisen schon jetzt eine Reihe beunruhigender Anzeichen hin, wie die sich mehrenden Lohnkürzungen, die Aufhebung von Steuererleichterungen, die Zunahme steuerlicher Belastungen, die verschärften Bedingungen für die Aufnahme eines Kredits und die Anhebung des Pensionsalters. Während Armut im Sinne eines ungenügenden Einkommens glücklicherweise zurückgegangen ist (zumindest in den westlichen Ländern), nehmen andere Formen der Armut mit komplexeren und differenzierteren Variablen zu. Nach Meinung von Amartya Sen, Philosoph und Träger des Alfred-Nobel-Gedächtnispreises für Ökonomie, dessen Arbeiten dem Begriff des subjektiven Rechts neuen Nachdruck verliehen haben, darf Armut, so wie sie heute aufzufassen ist, nicht nur ein ungenügendes Einkommen bedeuten, sondern muss auch die tatsächlichen Handlungsmöglichkeiten berücksichtigen, also die Chancen der Bürger, ein erfülltes Leben in Übereinstimmung mit ihren Bedürfnissen und Zielen zu führen.

Diese Möglichkeiten sind nur dann garantiert, wenn bestimmte Rechte sichergestellt sind, wie das der Teilnahme am Wirtschaftsleben (zum Beispiel einen Kredit aufnehmen zu können, der wirtschaftliche Aktivitäten finanziert), das Recht auf Gesundheitsfürsorge (wenn sie fehlt, ist das Individuum Zufällen ausgeliefert, die seine Gesundheit, also auch seine Handlungsfähigkeit beeinträchtigen), das Recht auf Bildung (wichtigste Bedingung für die Fähigkeit, auf der Basis umfassender, vollständiger Informationen freie und vernünftige Entscheidungen zu treffen), das Recht auf Teilnahme am politischen Leben (die dem Bürger gestattet, in den Willensbildungsprozessen, die die Demokratie besser als jedes andere System fördert – oder wenigstens fördern sollte –, seiner eigenen Stimme Gehör zu verschaffen) und so weiter.

Es genügt, der Wirklichkeit ins Gesicht zu sehen, um zu erkennen, dass die tatsächlichen Handlungsmöglichkeiten der Individuen fortwährend Einschränkungen unterliegen: Die Teilnahme am Wirtschaftsleben wird durch die zunehmende Bildung von Oligopolen behindert, die staatliche Gesundheitsfürsorge wird in steigendem Maße auf das kostenintensive Angebot privater Einrichtungen abgewälzt, die Qualität der Schulbildung hat sich dramatisch verschlechtert, sodass das Bildungsangebot immer häufiger privaten Anbietern überlassen wird. Zudem ist das Spektrum politischer Alternativen dürftiger und uniformer geworden, die ideologische Vielfalt ist bloße Behauptung, im Grunde wird das immer gleiche neoliberale Credo wiederholt, hier und da vielleicht durch eine Rhetorik mit populistischen Akzenten gewürzt, und das alles führt zum beunruhigenden Faktum einer verbreiteten politischen Apathie, wie die Zahlen der geringen Beteiligung an den jüngsten Wahlen zeigen.

Das Gesamtbild ist also nicht erhebend und scheint nahezulegen, dass der Rand sich ausdehnt, um fortlaufend neue Personengruppen aufzunehmen, die bis vor kurzem mit vollem Recht im Zentrum standen und die traditionellen Formen politischen, juristischen und wirtschaftlichen Schutzes genossen. Zwar hat das kollektive Bewusstsein einerseits Fortschritte gemacht und sich für soziale Fragen sensibilisiert, da die Gesellschaft bereit ist, das Spektrum der Personengruppen zu vergrößern, die Anspruch auf Grundrechte haben. Andererseits aber sind auf dieses prinzipiell geteilte Ideal oft keine Fakten gefolgt, im Gegenteil, der Schutz, der diesen Minderheiten tatsächlich gewährt wurde, ist zurückgegangen.

Überdies gibt es noch immer relevante Grauzonen, um die breite, hitzig geführte Debatten kreisen, wie zum Beispiel die Frage, welche Rechte man Sterbenden oder dem ungeborenen Leben gewähren soll. Diese Themen rufen das Gewissen auf den Plan, und je nach den persönlichen Überzeugungen werden sie dazu führen, dass der Kreis der Personen mit Anspruch auf Grundrechte erweitert oder eingeschränkt wird, also den Begriff des Randes selbst verändern. Auch auf geopolitischem Gebiet wird die Beziehung zwischen Zentrum und Rand zunehmend instabil und flüchtig, eine Folge zahlreicher Kriege, die in vielen Ländern unablässig Grenzen verschieben. Auch in Europa streben separatistische Bewegungen danach, Staatsgrenzen aufzulösen und eine Vielzahl von Kleinstaaten zu schaffen, die unabhängig und – so jedenfalls ihre Befürworter – wirtschaftlich, politisch und sprachlich vielleicht homogener wären.

Es ist allerdings nicht gesagt, dass eine übertriebene Gleichförmigkeit etwas Gutes ist. Das Leben ist keine Monade und auch kein Atom. Wenn für den Adler »das Reich am Rand des Himmels endet«, könnte man sich fragen, ob ein zu kleines und gleichförmiges Reich, das fast mit seinem Rand zusammenfällt, noch ein Reich ist, oder ob es überhaupt noch etwas ist.

INHALT

Isolde Charim

ICH UND DIE ANDEREN

Wie die neue Pluralisierung
uns alle verändert

224 Seiten. Zsolnay 2018

Wir leben in einer pluralisierten Gesellschaft. Jede Kultur
steht neben anderen, es gibt keine selbstverständliche Zugehörigkeit mehr. Doch was ist das überhaupt – eine plurali-
sierte Gesellschaft? Und was heißt es für den Einzelnen, in
einer solchen zu leben? Die Außenperspektive – dass es
nämlich immer anders sein könnte, dass man etwas anderes
glauben, anders leben könnte – ist heute Teil jeder Kultur.
Und diese Veränderung betrifft jeden. Sie verändert den Bezug zur Gemeinschaft, zur eigenen Identität. Die Philoso-
phin Isolde Charim wendet ihre These auf verschiedene Themen an, von der Politik zur Integration über die Definition
des Heimatbegriffs bis hin zu den Debatten um religiöse
Zeichen.

»Was Isolde Charims Exkursionen so aufregend macht,
ist die unbestechliche begriffliche Präzision,
mit der sie ein zigfach durchpflügtes Terrain in neuem,
kristallklarem Licht erscheinen lässt.«
Christoph Winder, *Der Standard*